# 绕口令

**播音员主持人训练手册**

（第2版）

王克瑞　杜丽华 ◎ 编著

中国传媒大学 出版社
·北京·

# 目 录

本书音频
朗读：纪君

再版前言 / 1
写在前边 / 1
你了解自己的发音器官吗 / 1
从元音和辅音谈起 / 7

## 第一部分　声母篇

◎理论要点 / 12
◎发音特点 / 13
◎发音提示 / 14
**双唇练习** / 15

八百标兵 / 16　　皮鞋、蒲鞋 / 17
炮兵和步兵 / 16　　俩白脖子 / 17
补壁 / 16　　白庙和白猫 / 17
两只猫 / 16　　白老八 / 17

巴老爷和芭蕉树 / 18
打那百十百个白斑鸠 / 18
长鞭杆把 / 19
爸爸抱宝宝 / 19
灶上半边钵 / 19
刮板把 / 19
有皮铺地 / 20
补皮褥子 / 20
补皮裤 / 20

破布头儿 / 20
葡萄皮儿 / 20
冰棒碰瓶 / 21
找宝 / 21
破布补破鼓 / 21
长扁担,短扁担 / 21
扁担长,板凳宽 / 22
一平盆面 / 22

## 唇齿练习 / 23

画凤凰 / 23
缝裤缝 / 23
缝飞凤 / 24
灰粪肥 / 24

分水岭,分水桥 / 24
蜂和凤 / 24
父母 / 25

## 舌部练习 / 26
一、舌尖中音声母 d、t、n、l 发音要领及练习 / 26

打特盗 / 26
白石塔 / 27
楼头吊刀 / 27
谭老汉买蛋和炭 / 27
炖冻豆腐 / 28

风吹藤动铜铃响 / 28
大兔和小兔 / 28
汤烫塔 / 28
颠倒歌 / 29

## 二、舌尖前音声母 z、c、s 发音要领及练习 / 29

做早操 / 30　　　　　三哥、三嫂与酸枣 / 31
紫茄子 / 30　　　　　桑树与枣树 / 31
二人山前来比腿 / 30　石、斯、施、史四老师 / 31
子词丝 / 30

## 三、舌尖后音声母 zh、ch、sh、r 发音要领及练习 / 32

学时事 / 33　　　　　朱叔锄竹笋 / 33
知道不知道 / 33　　　山羊上山 / 34
吃瓜喝茶 / 33　　　　说日 / 34

## 四、舌面前音声母 j、q、x 发音要领及练习 / 34

比尖 / 35　　　　　　氢气球 / 36
七加一 / 35　　　　　稀奇 / 37
漆匠和锡匠 / 35　　　京剧与警句 / 37
蛐蛐儿说大话 / 36　　新针纫新线 / 37

## 五、舌根音声母 g、k、h 发音要领及练习 / 37

哥挎瓜筐过宽沟 / 38　瓜换花 / 39
到姑家 / 38　　　　　老爷堂上一面鼓 / 39
白米锅巴 / 38　　　　哥哥和姑姑 / 40
大锅和小锅 / 39　　　画花也是花 / 40
读古通古 / 39　　　　和尚赏荷 / 40

## 第二部分　韵母篇

◎理论要点 / 42
◎发音特点 / 44
◎发音提示 / 44

**单元音韵母练习** / 47

1. a 发音要领 / 47

胖娃娃和大花活蛤蟆 / 47　　麻妈妈问妈妈 / 48
张大妈、夏大妈笑哈哈 / 47　　篱笆 / 48
哑巴喜欢喇叭 / 48　　拉哪匹马 / 49
瓦打马 / 48　　马大哈 / 49

2. o 发音要领 / 49

簸谷子 / 50　　颗颗豆子进石磨 / 50
四老伯 / 50　　墨与馍 / 51
借钵钵 / 50

3. e 发音要领 / 51

鹅和河 / 51　　是个红薯滚下坡 / 52
阁上一窝鸽 / 52　　黄贺和王克 / 52

4. i 发音要领 / 52

七个阿姨来摘果 / 53　　谷秕子和秕谷子 / 54

梨和李 / 53　　人心齐,泰山移 / 54

太阳我问你 / 53　　王七上街去买席 / 54

5. u 发音要领 / 54

小黑虎数猪 / 55　　胡老五和吴小虎 / 56

姑姑艰苦朴素 / 55　　壁上挂只鼓 / 57

多种树,多养兔 / 55　　苏家和谷家 / 57

顾老头 / 56　　胡苏夫和吴夫苏 / 57

护树 / 56　　兔、鼠、树 / 57

6. ü 发音要领 / 58

村里新开一条渠 / 58　　养鱼 / 59

驴遇鹿 / 58　　吃橘子 / 59

芜湖徐如玉 / 58　　红鲤鱼与绿鲤鱼 / 59

**复元音韵母练习 / 60**

(一)前响复元音韵母的发音特点 / 61

1. ai 发音要领 / 61

大麦和小麦 / 61　　海带和白菜 / 62

掰白菜 / 62　　喜送公粮 / 62

小艾和小戴 / 62

2. ei 发音要领 / 63
乌鸦说黑猪 / 63　　背水杯 / 64
花更美 / 63　　　　肥混肥 / 64
冬天雪花是宝贝 / 63

3. ao 发音要领 / 64
绕 / 64　　　　　　猫吃桃 / 66
猫闹鸟 / 65　　　　姥姥和淘淘 / 66
姥姥和老姥姥 / 65　扔草帽 / 66
老老道小老道 / 65

4. ou 发音要领 / 66
买肉和买油 / 67　　小猪扛锄头 / 68
狗和猴 / 67　　　　一个老头儿一盅酒 / 68
找裂口 / 67　　　　猴山 / 69
老六放牛 / 68　　　忽听门外人咬狗 / 69

(二)后响复元音韵母的发音特点 / 69
1. ia、ie 发音要领 / 70
贾家养虾 / 70　　　杰杰和姐姐 / 71
麻字谣 / 70　　　　孩子和鞋子 / 71
分不清是鸭还是霞 / 71

2. ua 发音要领 / 71

瓜棚挂瓜 / 72　　　　　红花和黄花 / 72
王婆夸瓜又夸花 / 72

3. uo 发音要领 / 72

螺蛳和骡子 / 73　　　　窝和锅 / 74
菠萝与陀螺 / 73　　　　朵朵花朵像云朵 / 74
霍湖、郭海和汪活 / 73

4. üe 发音要领 / 74

瘸子和矬子 / 74　　　　棉花和雪花 / 75
喜鹊 / 75

(三)中响复元音韵母的发音特点 / 75

1. iao 发音要领 / 76

描庙 / 76　　　　　　　巧巧和小小 / 77
雕和箫 / 76　　　　　　辣椒和花椒 / 78
倒吊鸟 / 77　　　　　　半瓢瓢面 / 78
大嫂子和大小子 / 77　　吊刀 / 78
慢表 / 77

2. iou 发音要领 / 78

舀油 / 78　　　　　　　找舅舅 / 79

妞妞撵牛 / 79　　　　　小柳和小妞 / 79
春雨贵如油 / 79　　　　酒换油 / 80
绣鞋 / 79　　　　　　　战士学编篓 / 80

3. uai 发音要领 / 80
稀奇古怪 / 81　　　　　谁锤快 / 81
管会计和季会计 / 81　　槐树歪歪 / 81

4. uei 发音要领 / 82
嘴和腿 / 82　　　　　　谁胜谁 / 83
鼓玻璃柜 / 82　　　　　风吹灰 / 83
秃老美和小魔鬼 / 82　　出对,对对 / 84
巡逻之歌 / 83

**鼻韵母练习 / 85**
(一) 前鼻音韵母的发音特点 / 86
1. an 发音要领 / 86
擀面 / 86　　　　　　　张家湾和李家湾 / 87
壁眼与鸭蛋 / 86　　　　碗盛饭 / 87
帆船 / 87　　　　　　　搬木板 / 87

2. en 发音要领 / 88
闷娃和笨娃 / 88　　　　一个人 / 88

根连根 / 89

3. in 发音要领 / 89
你也勤来我也勤 / 89　　分银 / 89

4. ün 发音要领 / 90
通州和运河 / 90　　白云与羊群 / 90

5. ian 发音要领 / 90
田建贤回家 / 90　　白布裙 / 92
大姐编辫 / 91　　水连天 / 92
掀我门帘 / 91　　扁娃拔扁豆 / 92
扁斑鸠 / 91　　半辫蒜瓣 / 92

6. uan 发音要领 / 93
谁也不服管 / 93　　断短扁担 / 94
弯弯丘斑斑鸠 / 93　　河里有只船 / 94
罐装蒜 / 93　　算卦的和挂蒜的 / 94

7. uen 发音要领 / 94
磙和棍 / 94　　闷棍 / 95
捆葱绳 / 95　　炖冻冬瓜 / 95

8. üan 发音要领 / 95

男演员、女演员 / 96　　谁眼圆 / 96

全大川卖砖 / 96　　山岩出山泉 / 96

(二)后鼻音韵母的发音特点 / 97

1. ang、iang、uang 发音要领 / 97

短棒和长棒 / 97　　糖和浆 / 99

同乡不同行 / 98　　红黄柿子 / 100

画像 / 98　　长方歌 / 100

床和船 / 98　　黄花黄 / 100

搭木房 / 98　　大和尚、小和尚 / 100

困难像弹簧 / 99　　王庄和匡庄 / 101

红蜂黄蜂 / 99　　杨家羊和蒋家墙 / 101

老将、小将、女将 / 99　　枪和糠 / 101

2. eng、ueng 发音要领 / 102

放风筝 / 102　　星和灯 / 103

碰碰车 / 102　　红蜂和青虫 / 103

峰山飞蜂 / 102　　蜂和蜜 / 104

花生 / 103　　老僧念经 / 104

藤与绳 / 103

3. ong、iong 发音要领 / 104

铜桶碰铜筒 / 104　　风、松、钟、弓 / 106

浓雾 / 105　　套桶 / 106

种冬瓜 / 105　　聋童 / 106

松子和童子 / 105　　一捆葱 / 106

4. ing 发音要领 / 107

天上一天星 / 107　　指示灯 / 107

蜻蜓青萍分不清 / 107　　青虫与青草 / 108

## 第三部分　声调篇

◎理论要点 / 110
◎四声读法 / 112
◎练习提示 / 113

**声调练习** / 114　　梨和栗 / 116

蹬凳子 / 114　　洗席 / 116

伯伯买饽饽 / 114　　珍珍绣枕 / 116

铜钉钉铜板 / 114　　刘兰柳和柳兰流 / 116

晃黄幌子 / 115　　一篓油 / 116

铁钉钉铁板 / 115　　七支长枪 / 117

磨坊磨墨 / 115　　松鼠爬松树 / 117

大猫毛短，小猫毛长 / 115　　犁犁地 / 117

巧巧瞧高桥 / 117　　四姨买胰子 / 119
梁木匠和梁瓦匠 / 118　　胡家村里十五户 / 120
漂破瓢 / 118　　妞妞赶牛 / 120
小娇娇吃饺饺 / 118　　补桶 / 120
白帽和白毛 / 118　　娃挖瓦 / 121
细席 / 119　　任命不是人名 / 121
妈妈骑马 / 119　　篓漏油 / 121
踏塔 / 119　　学好声韵辨四声 / 121
老师和老史 / 119

## 第四部分　方音辨正篇

◎理论要点 / 124
◎辨正方法 / 125
◎练习提示 / 127

**声母辨正练习** / 128

(一) f、h 对比辨读要领 / 129

灰鸡和飞机 / 129　　粉红活佛龛 / 130
黄幌子和方幌子 / 129　　红混纺和黄混纺 / 131
化肥会挥发 / 130　　傅虎虎和胡福福 / 131
费的不会 / 130　　附:f 与 h 辨音字表 / 131
理发和理化 / 130

(二)n、l 对比辨读要领 / 133

练一练,念一念 / 133
牛郎恋刘娘 / 134
老农闹老龙 / 134
新脑筋和老脑筋 / 134
新郎和新娘 / 134
碾牛料 / 135
男教练和女教练 / 135

老刘和老牛 / 135
拉哪两辆 / 136
牛顶柳 / 136
大娘家里上大梁 / 136
梨和泥 / 136
男旅客和女旅客 / 137
附:n 与 l 辨音字表 / 137

(三)z—zh—j、c—ch—q、s—sh—x 对比辨读要领 / 140
1. z—zh—j 对比辨读练习 / 141

抱子看报纸 / 141
机票和支票 / 142
革新迷 / 142
招租 / 142
钻砖堆 / 143

棕兔捉松鼠 / 143
撕字纸 / 143
紫丝线织紫狮子 / 143
附:z 与 zh 辨音字表 / 144

2. c—ch—q 对比辨读练习 / 147

粗出气和出气粗 / 147
蚕和蝉 / 147
砌池子 / 147
丝缠蚕 / 148

晒白菜 / 148
镇江醋 / 148
附:c 与 ch 辨音字表 / 149

3. s—sh—x 对比辨读练习 / 151

莫把电视说"电戏" / 151
捞虾 / 151
西门施家种丝瓜 / 151
桑山 / 151
拾柿子 / 152
寺和狮 / 152
山楂树 / 152
十四和四十 / 152
涩柿子和石狮子 / 153
三山和四水 / 153
苏胡子、胡胡子 / 153

三十三只山羊 / 154
撕壁纸 / 154
石小四和史肖石 / 154
三月三 / 155
买细丝线 / 155
师部司令部指示 / 155
山里有个寺 / 156
辨读 / 156
杂志社出杂志 / 157
附:s 与 sh 辨音字表 / 157

**韵母辨正练习** / 160

(一)n、ng 对比辨读要领 / 161

1. in、ing 对比辨读练习 / 162

天津和北京 / 162
林玲和凌琳同龄 / 162
民兵排选标兵 / 162
铃铃摇银铃 / 163
敬母亲 / 163

同姓与通信 / 163
擦镜 / 164
夫新的父亲 / 164
心境 / 164
附:in 与 ing 辨音字表 / 164

2. en、eng 对比辨读练习 / 166

真冷 / 166　　　　　　　陈庄城通郑庄城 / 167
姓陈和姓程 / 166　　　　附:en 与 eng 辨音字表 / 167
盆和棚 / 166

(二)i、ü 对比辨读要领及练习 / 169

驴踢梨 / 170　　　　　　小曲和小菊去储蓄 / 172
女小吕 / 170　　　　　　看曲剧 / 172
吃桔子 / 171　　　　　　吕里和李丽 / 172
卖鱼和牵驴 / 171　　　　附:i 与 ü 辨音字表 / 173
拾麂皮补皮裤 / 171

(三)o、e 对比辨读要领及练习 / 176

鹅过河 / 176　　　　　　老薄和老何 / 177
阿伯和阿婆 / 176

(四)üe、üan 对比辨读要领及练习 / 177

节约匣 / 177　　　　　　圆圆和圆月 / 177

(五)o、uo 对比辨读要领及练习 / 178

民兵排,民兵多 / 178　　　夸骆驼 / 179
收萝卜 / 179　　　　　　老婆婆托箩筐 / 179
破裤裹破布 / 179　　　　老何捕鱼 / 180

(六)ou 与 u 对比辨读要领及练习 / 180

借绿豆 / 181　　　　　钟鼓楼 / 181
护豆豆 / 181　　　　　吃豆腐 / 182
兜装豆 / 181　　　　　附:ou 与 u 辨音字表 / 182

**声、韵、调综合练习** / 184
(一)声调辨正要领 / 184
附:普通话和方言调类、调值比较表 / 185
(二)声、韵、调综合练习 / 186

冰凌 / 186　　　　　　百家姓 / 189
望月空,满天星 / 187　　八个弟子都有名 / 190
墙上一根钉 / 187　　　三层殿 / 191
十道黑 / 188　　　　　传统绕口令段子 / 192

## 第五部分　语流音变篇

**变调练习** / 203
(一)上声变调规律 / 203
(二)去声变调规律 / 204
(三)"一""七""八""不"变调规律 / 204

老僧念经 / 205　　　　三个人一齐出大力 / 206
练投篮 / 206　　　　　天上七颗星 / 206
不怕不会 / 206　　　　交公粮 / 207

白老八 / 207　　　　　　　拔萝卜 / 208

一心一意 / 208

## 儿化练习 / 209

(一)儿化韵读法 / 209

(二)儿化练习 / 211

练字音儿 / 211　　　　　　上小镇儿 / 215

盆儿和瓶儿 / 212　　　　　眼皮儿 / 215

学画画儿 / 212　　　　　　找玩意儿 / 216

小马驹儿 / 213　　　　　　两间小门脸儿 / 216

小女孩儿 / 213　　　　　　大小马路分七段儿 / 216

吃仁儿不吃皮儿 / 213　　　白胡子老头儿 / 217

一个老头儿 / 214　　　　　白兔儿和白豆儿 / 217

编花篮儿 / 214　　　　　　小杂货摊儿 / 217

一条裤子七道缝儿 / 214　　小哥俩儿 / 218

小碗碗儿 / 215

## 轻声练习 / 220

(一)轻声读法 / 221

(二)轻声练习 / 222

郭伯伯 / 222　　　　　　　秃丫头 / 223

胡子和驼子 / 222　　　　　喇嘛和哑巴 / 223

瞎子和哑巴 / 223　　　　　天上日头 / 224

小铁头、小柱头 / 224　　打南边儿来了个瘸子 / 226
小车拉石头 / 225　　小兔子开铺子 / 227
屋子里有箱子 / 225　　忘了鞋子 / 227
剪子和铲子 / 225　　聋子、笼子、虫子 / 227
桃子李子栽满院子 / 226　　鸭子吃辣子 / 227
燕子 / 226

**"啊"的音变练习** / 229
(一)变音要领 / 229
(二)音变练习 / 230
谁呀 / 230　　孩子真可爱啊 / 231
货物真丰富啊 / 231　　一块儿来啊 / 232

## 第六部分　吐字归音篇

◎理论要点 / 234
◎发声条件 / 235
◎练习提示 / 236
**吐字归音练习** / 237
蓝布棉门帘 / 237　　颠倒话 / 238
倒草 / 237　　扇扇子 / 238
学习就怕满、懒、难 / 237　　鼓玻璃柜 / 239
白家伯伯 / 238　　盆碰瓶 / 239

篮和镰 / 239　　　　四十四只石狮子 / 242
小妞妞放牛 / 239　　数花又数瓜 / 242
碾面、捶蒜 / 240　　绵羊白 / 242
顾老五 / 240　　　　粗树和秃树 / 243
青柳条 / 240　　　　两个女孩都穿红 / 243
服务部 / 240　　　　屋里点个灯 / 243
照葫芦画瓢 / 241　　石狮子涩柿子 / 244
豆和油 / 241　　　　天上看,满天星 / 244
画荷花 / 242　　　　丫头打狗 / 245

## 第七部分　用气发声篇

◎理论要点 / 250

◎训练方法 / 252

◎练习提示 / 253

**用气发声练习** / 254

打枣 / 254　　　　　学算数 / 256
数葫芦 / 254　　　　一个葫芦一个把一个蔓 / 257
我骑驴 / 255　　　　骆驼驮磨 / 257
数青蛙 / 255　　　　荷花和蛤蟆 / 258
一盆玫瑰两朵花 / 255　一个葫芦两块瓢 / 258
数数 / 256　　　　　数旗 / 259
谷秕子 / 256

**数字绕口令练习** / 260

还是个一 / 260
多少罐 / 260
二大伯子家的二奉拉
　尾巴耳朵狗 / 261
三老子三小子三哥
　三嫂子 / 261
四和十 / 262
数狮子 / 262
山上五棵树 / 263

柳老六 / 263
七个阿姨来摘果 / 264
八座屋 / 264
九个酒迷喝醉酒 / 264
三十三棵桑树 / 265
六十六岁刘老六 / 265
八十八只八哥鸟 / 266
九十九头牛 / 266
八百八十八只骆驼 / 266

**主要参考书目** / 268

**后记** / 269

# 再版前言

《播音员主持人训练手册·绕口令》出版至今已经17年了,仍受读者喜爱。作为编著者,我们甚感欣慰。同时也深感有修订完善的必要,精益求精。在本次修订中,我们做了删除、调整和补充,增补上一些生动上口的段子;调整了一些绕口令在书中的位置,使其更适合做对应的声母或韵母练习;我们单列了数字绕口令篇章;增加了一些经典的绕口令。让更多的读者通过练习绕口令,做到用气自如,吐字清晰,从中体会到汉语言的音律音韵美。

这本书无疑是语言训练的好教材,不仅可以提高电台、电视台播音员、主持人的业务基本功,而且对于其他从事有声语言的工作者,例如戏曲、话剧、电影演员,教师,以及播音主持的爱好者也是有所裨益的。本书的最大特点是将普通话语音理论及每个语音点的发声要领和生动有趣的绕口令练习材料相结合,使读者准确理解发声特点,熟练掌握用声方法,做到有针对性的、持之以恒的训练。

在修订中,我们再次感受到绕口令这一民俗文化的艺术魅力:简洁风趣,诙谐且富于音律美,节奏感强。有的绕口令通俗易懂但是妙趣横生;有的不仅有趣还可以产生不同凡响的音律;有的音节错综变化,句子反复重叠,意味悠长。

愿打开这本书的每一位读者喜欢我们精心挑选和编辑的绕口令,欣赏这一传承了一代又一代的民俗瑰宝。愿每一位读者通过反复把玩这些绕口令,使自己口齿伶俐、反应敏捷、语音纯正,增强有声语言的表现力和感染力。

编者

2018 年 1 月

# 写在前边

一

汉语是全世界历史最悠久、富有音乐性和表现力的语言之一,我国有90%以上的人口说汉语,各兄弟民族之间也大部分以汉语作为互相交际的语言。当今,由于我国经济实力的增强和对外开放的深入,国际地位日渐提高,汉语在世界上的使用范围越来越广,各国学习汉语的朋友日益增多,汉语逐渐成为世界上最发达的语言之一。

我国地域辽阔,方言区多,且分布复杂,在语音方面分歧很大,给各地人民之间的交往带来不便,对我国人民的政治、经济、文化生活有一定影响。因此,全国人民都要求使用一种可以到处通行的共同语言——普通话,而且要求加快普及普通话的步伐。

1955年召开的"全国文字改革会议"和"现代汉语规范问题学术会议",明确了普通话是"以北京语音为标准音，以北方话为基础方言，以规范的现代白话文著作为语法规范的现代汉民族共同语。"又制定了"大力提倡、重点推行、逐步普及"的推广普通话的方针。

　　学习和推广以北京语音为标准音的普通话，是我们每个人肩负的责任，更是艺术语言工作者义不容辞的责任。尤其是广播电台、电视台的播音员、主持人，每天都在向广大的听众和观众作口头示范，有无数听众和观众在潜移默化中受着影响，播音员、主持人理所应当使自己的语言纯正、规范，使自己成为使用本民族语言的典范。

　　语言是一门口耳之学，是听和说的学问，两者不可分割。"工欲善其事，必先利其器"，加强语言基本功训练，正是这个道理。当然，学习语言，练好基本功的方法很多，绕口令在锻炼语言基本功方面就起着矫正发音部位，促使反应敏捷、用气自如、吐字清晰等重要作用，可以说，结合绕口令进行语言基本功的训练不失为一种有趣、奏效的途径。

## 二

　　绕口令属于我国民间文学中的一种比较独特的语言艺术形式，是劳动人民创造的一种口头文学艺术形式，也是学习播音、朗诵、演讲等必不可少的练声材料。

它主要是用声、韵、调极易混淆的字,使之或交叉或重叠或颠倒,组成一些短小、有趣的句子或段子。比如:"吃葡萄不吐葡萄皮儿,不吃葡萄倒吐葡萄皮儿";"板凳不让扁担绑在板凳上,扁担偏要绑在板凳上"。这种话说快了,准会说错字儿,比如把"葡萄皮儿"说成"皮条蒲儿",把"扁担"说成"板担",把"板凳"说成"扁凳",这就叫绕口。绕口令为什么会绕口呢?因为这里头有双声、叠韵的字。双声就是两个字的声母相同,比如上面提到的把"扁担"读成"板担"是由于扁、板的声母都是"b";"板凳"误读成"扁凳"的原因是板、扁的韵母都有 an,声调都是上声。所以说绕口令这种文学艺术形式活泼、生动,而且形象、诙谐,富于生活气息,适合口头唱诵,深受人民群众喜爱。

　　绕口令,作为一种"令",虽然篇幅短小,但言简意明,除了具有一般文字价值外,它还有一个特殊功能:能帮助人们锻炼口才,矫正发音,提高说话能力。通过绕口令练习,不仅可以掌握呼吸和吐字的基本技巧,加强咬字器官的力度,锻炼发声器官的灵活性,同时还可以有效地锻炼气息和口腔控制能力,提高用气和吐字的功力。显而易见的是,它还可以使口齿伶俐、反应敏捷。

　　于是,许多话剧、曲艺、戏曲、电影演员和歌唱演员用它来加强业务基本功的训练;广播电台、电视台的播音员、节目主持人用它来矫正发音,进行口齿敏捷的训练，以改善发音方法，提高字音质量，达到吐字准确规范、清晰集中、圆润饱满、流畅自如。

因此，不能小看它的价值，对它的搜集、研究出版更不应忽略。

本书搜集的一些绕口令，有的是在民间长期流传的，有的是历代说唱艺人口传心授的，对于我们今天的读者来讲，这不啻是一笔宝贵财富。

## 三

有声语言是以听和说为形式，用语言表达思想和感情的口头语言，是播音员、主持人用来表情达意的主要手段。要熟练掌握它，并运用自如，非下苦功不可。语言基本功的训练要持之以恒，扎扎实实地学，坚持不懈地练。戏曲前辈曾这样说过：一天不练自己知道，两天不练同台知道，三天不练观众知道。

当然，练，不能盲目地练，要在科学理论的指导下去练，以理论知识分析解决发声实践中的问题，从而掌握正确的发声方法。本着这样一种思路，编者在本书中提供给读者的不仅仅是精心编选的绕口令，而且把更多的心思放在了绕口令练习前每个语音点的发声原理和发声要领的讲解上。这样，读者在掌握科学的语音知识、正确的发声方法基础上，针对自己存在的薄弱环节，可以有的放矢,各个攻破,再加上勤学苦练,勤于动脑、动口,遵循由易到难、由简到繁、循序渐进的练声原则,发声能力当会不断增长,语言表现力和感染力当会不断增强。

练,也不要散漫地练,应有目标、有信心、有步骤地练。练声时保持积极、振奋的练声状态,才能收到应有的效果,尤其是精神要高度集中。本来绕口令就是有意将若干发音相同、相近、易混的词语集中在一起,连起来念,确实不易,稍不留神,自己就可能被"绕"进去了,比如这则绕口令:

有风时不扇扇子,
没风时要扇扇子,
不扇扇子是有风,
扇扇子时是没风,
不扇扇子没有风,
扇扇子时是有风。

是"扇扇子"还是"不扇扇子",围绕着"风"绕来绕去,一会儿是"有风",一会儿又"没风"。这时,一旦杂念混入,逻辑思维"断线",就再也弄不清是该扇扇子还是不该扇扇子。所以练习时千万不可松懈怠慢,声不由衷。

同时,在练习绕口令过程中,也不妨把一些播音表达规律有意识地运用其中,比如播音表达中的情、意、声和谐统一律,它要求在达意的基础上表情,从表情中明意,达到情真意切,情意浑然一体,把逻辑思维和形象思维有机地结合起来。下边是一则这样的绕口令:

> 桐树满桐子,
>
> 桐下满童子;
>
> 童子要桐子,
>
> 桐子不给童子。
>
> 童子用筒子打桐子,
>
> 桐子不落,
>
> 童子不乐;
>
> 桐子落,
>
> 童子乐。

在试着说这则绕口令时,就需要把逻辑思维和形象思维结合起来。运用逻辑思维首先要弄清楚它的大意是什么,自己内心里将它划分为几层意思,做到"达意",再结合形象思维以"表情"。比如头两句像是一个远景,交代了"桐树上的桐子和桐树下的童子",你仿佛看到桐树上结满了桐子,桐树下站满了童子;这是第一层。镜头推进,变成中景,看看童子们要干什么,原来是眼巴巴地瞅着要桐子,桐子呢,当然不愿轻易落到童子们的手里,好吧,僵持不下,采取什么手段呢?镜头再推上去,原来童子们拿来了"武器"——筒子,要打桐子。结果怎样,我们再把镜头靠近些,变成特写,这下可看清楚了,只要桐子落下来,童子就喜眉笑眼;桐子落不下来,童子就愁眉苦脸。至此,一幅"童子打桐子"图可谓是尽收眼底。

练习绕口令,不只是纯技术练习,为了某个声母、韵母或声调的发音准确而干巴巴地练;也不只是图嘴皮子利落,噼里啪啦、念得痛快,这些只是一个方面,重要的是能把这些短小的语言文字和思想感情结合起来,带着由衷的感情去体味,去感受这些言简意明又不乏幽默风趣的韵语。只有理解准确,感受准确,表达才会鲜明。也就是说,我们在进行本书的绕口令练习时,千万不能忽略理解感受这一重要的心理感知环节,力争让我们发出的每一个音有意、有情。这样,当我们面对稿件,在根据稿件内容进行再创造的过程中,在将文字变为准确、鲜明、生动的有声语言的过程中,就能够去深刻理解,去切身感受。这些看似琐碎、艰辛的日常积累,无疑对我们进入播音创作的自由天地是有好处的。

# 你了解自己的发音器官吗

谈起绕口令，往往给人的印象是说得快，也因此给训练者以假象，认为讲得快就是绕口令说得好，以至于在练习中常常贪求快而忽视字音的准确。在进入正文前，我们首先给读者提一个要求：在练习绕口令时，必须在讲求发音正确、吐字清晰的前提下，逐渐由慢而快、由易而难、由简而繁，因此首要的是把发音器官的各个部位搞清楚，努力学会并提高控制、调动自己发音器官任何一个部位的能力，以迅速而准确地发出普通话语音。所以在发音训练之前，首先应对发音器官的构造和功能有一个大概的了解。

人类发音的过程是从肺部呼出气流，气流经过喉头时使声带颤动，再经过口腔或鼻腔的共鸣，使微弱的声音在这里得到扩大和美化。然后，声音经过唇、齿、舌、牙、腭等发音器官不同方式的协调动作的调节，如口腔开合大小、舌位的高低前后、气流受阻部位、方法的不同等，就发出了不同的声音。在这里，气流是发音的动力，声带是发音体,口腔、鼻腔则是主要共鸣器。同时,还有唇、舌、软腭、齿等部位的活动,使得口腔开合,鼻腔通塞,从而控制、调节了气流。所以说,语音的发出离不开气流、声带和口腔各部分器官的动作。

按照发音器官在发音过程中所起的作用,可将其分为肺和气管、喉头和声带、口腔和鼻腔三部分。

1. 肺和气管

气息从肺部呼出,经过气管到喉头,当经过喉头时才算进入发音阶段。肺是发音的动力站,气管是输送气流的通道,气流则是发音的原动力。

2. 喉头和声带

喉头由四块软骨组成:上面的一块是甲状软骨,它最大,突出在喉头的前面,从脖颈外部可以摸得着。甲状软骨下面是一块环状软骨,前低后高,环状软骨后部的上面连着两块三角形的杓状软骨,这四块软骨构成一个圆筒形的小室,声带就藏在这小室的中央。此外,甲状软骨上面,还有一块会厌软骨,可以上下开合,以避免食物或水进入喉头。

声带是两片带状的富有弹性的薄膜。它的前端固定在甲状软骨上面,后端分别附在杓状软骨上面。两片声带中间是一条通路,叫作声门。四块软骨由各种喉肌相联系和控制,由于喉肌的牵引,杓状软骨可以开合回转，造成声带或紧或松，控制声门的大小。平常呼吸时，声门大开，气流可以自由出入；发音时，声带靠拢，声门闭合或留有窄缝，从肺部呼出的气流，通过声门时，就引起声带颤动，发出声来。声带靠拢的程度是可以调节的，人能控制声带的松紧变化，可以发出不同的声音，所以声带是人类语音最主要的发音体。

3. 口腔和鼻腔

在人的发音器官喉头以上，口腔、鼻腔较其他部位更为重要，口腔是发音的主要共鸣器。口腔可分为口腔上部、口腔下部和舌头三个部位。口腔上部包括上唇、上颚（上齿、硬腭、软腭、小舌）；口腔下部包括下唇和下颚；舌头是口腔中主要的发音器官，舌头可分为舌尖、舌面、舌根。舌头在口腔中可以平伸，可以翘起，可以后缩，能抬高也能降低。硬腭不能动，软腭可以下垂。双唇能开能合，能收敛，能展放。由于这些部位的自由活动，使口腔这个共鸣器的形状发生种种变化，从而形成不同音色的语音。

口腔共鸣训练的目的是使音质纯正、音色优美、声音响亮。进行共鸣训练时，口腔要自然打开，笑肌微微提起，下颚自然放下，上颚有上提的感觉，这样发出的声波随着气流的推送，离开咽喉部流畅向前，在口腔的前上部引起振动，形成共鸣效果。

口腔的后面是咽头,咽头处于下通喉头、前通口腔、上通鼻腔的"三岔口",发音时,也起共鸣作用。

口腔上面是鼻腔,鼻腔也是共鸣器,它是固定的声腔,鼻腔和口腔靠软腭和小舌隔开。软腭和小舌可以上下活动,说话的时候,如果软腭和小舌上升,阻塞鼻腔的通路,气流只能从口腔里出来,这时发出的声音就是"口音",例如b、d、g;如果软腭和小舌下垂,鼻腔通路打开,气流经鼻腔引起共鸣,此时就发出鼻音了,例如m、n;如果软腭悬在当中,三条路都通,从下面来的气流可以同时从口腔和鼻腔出去,这就造成一种半鼻音或叫鼻化音了。

在上述发音器官中,唇、舌、软腭和声带在发音时最为积极主动,是发音器官中的"主动器官",声音的好坏与发音器官的形状、质量和运用的方式有密切关系,舌的活动、嘴唇的形状和口腔的开合对音色作用最大。

因此,播音员、主持人在日常的口腔控制训练中,应有意识地加大唇、舌等发音器官的练习量。通过长期训练,可有效地加强唇、舌部肌肉的力量,增强这些发音器官的灵活性、弹性和力度,提高音色质量。所以说在每次进行绕口令训练前,不妨先做一些唇、舌练习。

1. 唇的练习

(1)喷:紧闭双唇,阻住气流,突然放开,气流发出

"b"或"p"音。

(2)咧：双唇紧闭，噘起（用力噘嘴），嘴角用力向两边伸展（咧），反复交替进行。

(3)撇：先把双唇紧闭，噘起，然后用力向左边歪，恢复原状；再向右边歪，反复交替进行。

(4)绕：先把嘴唇紧闭，噘起，然后按顺时针方向转360°，再按逆时针方向转360°，反复交替进行。

2. 口腔练习

把嘴唇张到最大，闭拢，再张大，再闭拢，由慢而快，反复数次，连续发出 za……da……zha……jia……ga 声音，发音时，注意舌的活动、口腔开度要适当，保证每个声音响亮、清楚、有力量。

3. 舌的练习

(1)顶刮舌面：舌尖抵下齿背，舌中纵线部位用力，用上门齿沿从舌尖刮到舌面，反复进行。

(2)舌尖练习：先将力量集中在舌尖，抵住上齿龈，阻住气流，然后突然打开，爆发出[t]音，反复进行。

(3)舌根练习：舌根用力抵住软腭，阻住气流，然后突然打开，则发出[g][k]音，反复进行。

(4)舌力度练习：闭唇，用舌尖顶左、右内颊，交替运行；闭唇，把舌尖伸到齿前唇后，向顺时针方向环绕360°，再向逆时针方向环绕360°，交替进行。

(5)弹舌练习:用舌尖连续轻弹上颚,用以使舌放松而灵活。

发音器官的锻炼不是一朝一夕所能奏效的,必须坚持对它的训练,如果能按上文提供的方法坚持训练,同时能结合下文的绕口令一道进行,会有显著的效果。

# 从元音和辅音谈起

元音和辅音是构成语音的基本元素,学习普通话,首先要把元音和辅音发正确、发好,掌握其正确的发音要领。只有把元音和辅音读得准确、响亮、鲜明、生动,才能清楚而准确地表现出语意和感情。

由此可见,元音和辅音的锻炼,是语言基本功的基础,必须从它开始练起。

我们先来找出发元音和发辅音的不同点。由于发音时发音动作特点的不同,构成语音中两类不同性质的音素,即元音和辅音,也因此构成了元音和辅音的不同特征。

1. 气流受阻状况

元音发音时,气流通过发音器官的各部位都不受到任何阻碍,只需利用口腔、舌头、鼻腔等造成各种不同的共鸣器,就可以发出各种不同的元音。

辅音发音时,气流在发音器官的某一部位必然受到一定的阻碍,必须克服这种阻碍才能发出音来。

### 2. 克服阻碍的方式

发元音时,发音器官各部分肌肉保持均衡的紧张状态;发辅音时,发音器官构成阻碍的那部分肌肉显得特别紧张。

### 3. 气流量强弱

发元音时,呼出的气流较弱;发辅音时,呼出的气流较强,特别是发清辅音(发音时声带不颤动的辅音)时更为显著。

### 4. 声带是否颤动

发元音时,声带都要颤动,是乐音,声音比较清晰、响亮;发辅音时,除少数浊辅音(发音时声带颤动的辅音)外,一般声带不颤动,噪音成分较重,声音不怎么响亮。

元音的发音,主要由于声带震颤。声带震颤造成的音波,经过口腔时,受到口腔的形状、大小变化的影响,依口腔形状、大小的不同,发出各个不同的元音。普通话语音中的 a、o、e、i、ê、u、ü 等元音就是这样发出的,这几个就是元音。

辅音,在普通话语音音素里,有 21 个,它们是 b、p、m、f、d、t、n、l、g、k、h、j、q、x、zh、ch、sh、r、z、c、s。辅音的

发音条件比较复杂,一般从"发音部位"和"发音方法"两方面来讲。所谓"发音部位",就是前面所说的气流受到阻碍的地方,也就是发音器官为了让气流变成声音而做出的各种活动的部分。所谓"发音方法",就是说这个辅音是怎样发出来的,也就是气流透出过程中所受阻碍的不同情况。具体发音情况我们将在声母部分展开说明。

明确了元音和辅音的特征及其大致发音状况,认识声母就有了依托。我们把音节开头的辅音称作声母,把声母后面的部分叫韵母,下面先进入声母部分的绕口令练习。

## 第一部分　声母篇

练习声母部位的绕口令，首先要明确每个声母的发音部位，掌握发音方法。因为，不同的辅音是由不同的发音部位和发音方法决定的。所以，要准确地发出每个声母的音，就必须掌握它们的发音部位和发音方法。

**【理论要点】**

声母就是一个音节开头的辅音。普通话的声母，除零声母外，其余的21个都是由辅音音素充当的：b、p、m、f、d、t、n、l、g、k、h、j、q、x、zh、ch、sh、r、z、c、s。

1.按发音部位来划分，普通话声母有七类：双唇音(b、p、m)；唇齿音(f)；舌尖前音(z、c、s)；舌尖中音(d、t、n、l)；舌尖后音(zh、ch、sh、r)；舌面音(j、q、x)；舌根音(g、k、h)。

发音部位，指发音器官在发辅音时对气流形成阻碍的地方。双唇、唇齿、舌面与硬腭、舌根与软腭等发音器官，都可以形成对气流的阻碍，构成不同的发音部位。

比如这则绕口令"补破皮褥子不如不补破皮褥子"，补/b 破/p 皮/p 褥子不/b 如不/b 补/b 破/p 皮/p 褥子，"绕"的是 b、p。b、p 是由上唇和下唇接触形成对气流的阻碍，所以 b、p 的发音部位便是双唇。明确了 b、p

的发音部位,"补、破、不"这些字的发音部位就不难找准了,至于如何读准,就牵涉到发音方法问题。

发音方法,指发辅音时气流受阻碍的状况,以及发音时呼出的气流是强是弱,声带是否颤动等。再以上则绕口令为例,声母b和p,发音时,开始都是双唇闭合,气流通路被完全阻塞,随后突然放开,让气流爆发而发出音来。只是发b时,呼出的气流较弱,发p时,呼出的气流较强。掌握了这则绕口令主要声母(b、p)的发音部位和发音方法,读得既准确又流畅,就不是难事了。下面我们把关系到声母正确读音的关键——发音方法再详叙之,便于读者深得要领。

2.按发音方法来划分,可从三个方面来看:

(1)根据发音时气流受到阻碍和消除阻碍的不同方式,可以分为塞音(b、p、d、t、g、k);擦音(f、s、sh、r、x、h);塞擦音(z、c、zh、ch、j、q);鼻音(m、n)及边音(l)。

(2)根据发音时气流呼出的强弱,声母中的塞音、塞擦音又可以分为送气音(p、t、k、q、ch、c)和不送气音(b、d、g、j、z、zh)。

(3)根据发音时声带是否颤动,又可分为清音(b、p、f、d、t、g、k、h、j、q、x、zh、ch、sh、z、c、s)和浊音(m、n、l、r)。

**【发音特点】**

声母是音节开头的辅音,是气流在口腔或咽头受阻碍而形成的音。发音时,一要找准发音部位,即阻碍气流的部位;二要正确使用发音方法,包括阻碍方式、声带是否颤动、气流的强弱。

【发音提示】

练习声母的发音,发音方法要对,接触的部位要准确,接触时要迅速,要注意学会口中蓄有足够的气流,使发出的声音富有弹性,干净利索、清楚、有力、传得远。

利用绕口令练习时,注意锻炼咬字器官的力量与灵活性,并体会口腔的开合及双唇、舌尖动作及力度。

下面编选的绕口令,就是用来练习发音部位和发音方法的准确性的。为了便于读者在练习中进一步明确发音部位,领会发音要领,我们按声母的发音部位分组练习。

# 双唇练习

**【发音要领】**

双唇音(b、p、m)三个音的发音部位都在双唇,是由上唇和下唇接触构成阻碍后发出的一种辅音。

b和p的差别在于b为不送气音,p为送气音。如果发音者拿一张薄纸靠近嘴巴,就可以看到:发b时,薄纸不动;发p时,薄纸则被吹动。也就是说,发b音透出的气流很微弱;发p音透出的气流很强。

二者的共同点是发音时双唇紧闭,阻塞气流,然后突然放开,使受阻的气流从口腔迸裂出来,产生一种爆发的声音。主要是双唇中部着力,集中蓄气,用力喷弹。

m与b、p的差别在于:m是鼻音,发音时软腭下降,鼻腔通路开放,气流从鼻腔里出来;b、p是口音,发音时软腭上升,鼻腔通路闭塞,气流从口腔里出来;b、p是清音,发音时声带不颤动,m是浊音,发音时声带颤动。

## 八百标兵

八百标兵奔北坡,炮兵并排北边跑。
炮兵怕把标兵碰,标兵怕碰炮兵炮。

八百标兵

## 炮兵和步兵

炮兵攻打八面坡,炮兵排排炮弹齐发射。
步兵逼近八面坡,歼敌八千八百八十多。

炮兵和步兵

## 补壁

拆东壁,补西壁;拆南壁,补北壁。
拆壁,补壁,拆壁缝,补壁洞。

## 两只猫

白猫黑鼻子,黑猫白鼻子,
黑猫的白鼻子,
碰破了白猫的黑鼻子,
白猫的黑鼻子破了,
剥了秕谷壳儿补鼻子。
黑猫的白鼻子没破,
就不必剥秕谷壳儿补鼻子。

## 皮鞋、蒲鞋

一只皮鞋,一只蒲鞋,
皮鞋补蒲鞋,蒲鞋补皮鞋,
皮鞋,蒲鞋,蒲鞋,皮鞋。

## 俩白脖子

陈州有个陈白脖子,亳州有个亳白脖子,
陈州的陈白脖子和亳州的亳白脖子比白脖子。
陈州的陈白脖子比不过亳州的亳白脖子,
亳州的亳白脖子的白脖子,
比不过陈州的陈白脖子的长脖子。

## 白庙和白猫

白庙外蹲一只白猫,
白庙里有一顶白帽。
白庙外的白猫看见了白帽,
叼着白庙里的白帽跑出了白庙。

## 白老八

白老八门前栽了八棵白果树,

飞来了八个白八哥儿,
要在白老八门前八棵白果树上住。
白老八拿了八个巴达棍儿,
要打八个白八哥儿。
不知道白老八是打着了八个白八哥儿,
还是打着了八棵白果树?

## 巴老爷和芭蕉树

巴老爷有八十八棵芭蕉树,
来了八十八个把式要在巴老爷八十八棵芭蕉树下住。
巴老爷拔了八十八棵芭蕉树,
不让八十八个把式在八十八棵芭蕉树下住。
八十八个把式烧了八十八棵芭蕉树,
巴老爷在八十八棵树边哭。

## 打那百十百个白斑鸠

我从伯爹伯妈门前过,
看见伯爹伯妈门前种着百十百棵白果树,
那百十百棵白果树上站着百十百个白斑鸠,
我就捡了百十百块白石头,
打那百十百个白斑鸠。

## 长鞭杆把

长鞭杆把,短鞭杆把,
长鞭杆把比短鞭杆把长半鞭杆把;
短鞭杆把,长鞭杆把,
短鞭杆把比长鞭杆把短半鞭杆把。

## 爸爸抱宝宝

爸爸抱宝宝,
跑到布铺买布做长袍。
宝宝穿了长袍不会跑,
跑了八步就拉破了布长袍。
布长袍破了还要用布补,
再跑到布铺买布做长袍。

## 灶上半边钵

灶上半边钵,灶下钵半边;
打破半边钵,还有钵半边。

## 刮板把 *

长刮板把,短刮板把,

长刮板把比短刮板把长半刮板把,
短刮板把比长刮板把短半刮板把。
*刮板:一种平地用的农具

## 有皮铺地 *

有皮铺地,铺皮铺地;
没有皮铺地,不铺皮铺地。
*豫东一带称褥子为铺地。

## 补皮褥子

补破皮褥子不如不补破皮褥子。

## 补皮裤

出了南门走十步,拾了一条破皮裤。
皮裤破,补皮裤,皮裤不破不必补皮裤。

## 破布头儿

破布头儿补破布兜儿,
破布兜儿上补破布头儿。

## 葡萄皮儿

吃葡萄不吐葡萄皮儿,

不吃葡萄倒吐葡萄皮儿。

## 冰棒碰瓶

半盆冰棒半盆瓶,冰棒碰盆,盆碰瓶,
盆碰冰棒盆不怕,冰棒碰瓶瓶必崩。

## 找宝

一座棚傍峭壁旁,峰边喷泻瀑布长。
不怕暴雨瓢泼冰雹落,不怕寒风扑面雪飘扬,
并排分班翻山攀坡把宝找,聚宝盆里松柏飘香百宝藏。
背宝奔跑报矿炮劈山,篇篇捷报飞伴金凤凰。

## 破布补破鼓

屋里一个破烂鼓,扯点破布就来补。
也不知是破布补烂鼓,还是破鼓补破布。
只见鼓补布,布补鼓,布补鼓,鼓补布。
补来补去,布不成布,鼓不成鼓。

## 长扁担,短扁担

长扁担,短扁担,
长扁担比短扁担长半扁担,

短扁担比长扁担短半扁担。
长扁担绑在短板凳上,
短扁担绑在长板凳上。
长板凳不能绑比长扁担短半扁担的短扁担,
短板凳也不能绑比短扁担长半扁担的长扁担。

## 扁担长,板凳宽

扁担长,板凳宽,
板凳没有扁担长,
扁担没有板凳宽。
扁担绑在板凳上,
板凳不让扁担绑在板凳上,
扁担偏要绑在板凳上。

## 一平盆面

一平盆面,烙一平盆饼,
饼碰盆,盆碰饼。

# 唇齿练习

【发音要领】

唇齿音(f)是由下唇和上齿相接触,气流在这一部位受到阻碍后发出的一种辅音。发 f 音时,注意它的发音部位在上齿和下唇,具体发音方法是上齿接触下唇,让气流完全从唇齿间的缝隙中摩擦而出,发出摩擦的声音,声带不颤动。

## 画凤凰

粉红墙上画凤凰,凤凰画在粉红墙。
红凤凰、粉凤凰,红粉凤凰、花凤凰。

画凤凰

## 缝裤缝

一条裤子七道缝,斜缝竖缝和横缝,
缝了斜缝缝竖缝,缝了竖缝缝横缝。

缝裤缝

## 缝飞凤

粉红女发奋缝飞凤,女粉红反缝方法繁。
飞凤仿佛发放芬芳,方法非凡反复防范。
反缝方法仿佛飞凤,反复翻缝飞凤奋飞。

## 灰粪肥

老队长召开生产会,号召全队来积肥。
要想粮成山,必先肥成堆。
小飞挑来村南那堆粪,小会挑来村北那堆灰,
村北那堆灰要掺上村南那堆粪,
村南那堆粪要拌上村北那堆灰。
小飞和小会,谁也不怕累,
先把灰混粪,再把粪混灰,混成灰粪肥。

## 分水岭,分水桥

分水岭边分水桥,分水桥边分水岭。
分水岭分水不分桥,分水桥分水不分岭。
分水桥是分水桥,分水岭是分水岭。

## 蜂和凤

峰上有蜂,峰上凤飞蜂蜇凤;

风中有凤,风中蜂飞凤斗蜂。
不知到底是峰上蜂蜇凤,还是风中凤斗蜂。

## 父母

父母的父母扶父母,父母扶父母的父母。
父母是父母的父母,父母的父母是父母。

# 舌部练习

## 一、舌尖中音声母 d、t、n、l 发音要领及练习

### 【发音要领】

舌尖中音声母 d、t、n、l 是由舌尖与上齿龈接触,气流在这一部位受阻碍后发出的一种辅音。发 d 音时,舌尖抵住上齿龈,然后突然放开,气流爆发而出,但冲出的气流较弱;而发 t 音时,阻碍打开后,则会冲出一股较强的气流。d 跟 t 的差别在于 d 是不送气声母,t 是送气声母,d、t 都是清音,发音时声带不颤动。

发 n 音时,舌尖顶住上齿龈,软腭下垂,打开鼻腔的通路,声带颤动,气流完全从鼻腔出。发 l 音与发 n 音不同的是,气流只能从舌的两边流出。n 与 l 是浊音。

### 打特盗

调到敌岛打特盗,特盗太刁投短刀,
挡推顶打短刀掉,踏盗得刀盗打倒。

打特盗

## 白石塔

白石塔,白石搭,
白石搭白塔,白塔白石搭,
搭好白石塔,白塔白又大。

白石塔

## 楼头吊刀

楼头倒吊短单刀,单刀刀倒楼头吊,
盗贼楼头盗单刀,对对单刀掉到道。

## 谭老汉买蛋和炭

谭家谭老汉,挑担到蛋摊。
买了半担蛋,挑蛋到炭摊。
买了半担炭,满担是蛋炭。
老汉忙回赶,回家炒蛋饭。
进门跨门槛,脚下绊一绊。
跌了谭老汉,破了半担蛋。
翻了半担炭,脏了木门槛。
老汉看一看,急得满头汗。
连说怎么办,老汉怎吃蛋炒饭。

## 炖冻豆腐

会炖我的炖冻豆腐,来炖我的炖冻豆腐,
不会炖我的炖冻豆腐,就别炖我的炖冻豆腐。
要是混充会炖我的炖冻豆腐,炖坏了我的炖冻豆腐,
那就吃不成我的炖冻豆腐。

## 风吹藤动铜铃响

东洞庭,西洞庭,
洞庭山上一条藤,藤条顶上挂铜铃,
风吹藤动铜铃响,风停藤定铜铃静。

## 大兔和小兔

大兔肚子大,小兔肚子小,
大兔比小兔肚子大,小兔比大兔肚子小。

## 汤烫塔

老唐端蛋汤,踏凳登宝塔,
只因凳太滑,汤洒汤烫塔。

**颠倒歌**

太阳从东往西落,听我唱个颠倒歌。
天上打雷没有响,地下石头滚上坡;
江里骆驼会下蛋,山上鲤鱼搭成窝;
腊月酷热直流汗,六月暴冷打哆嗦;
姐在房中头梳手,门外口袋把驴驮。

## 二、舌尖前音声母 z、c、s 发音要领及练习

**【发音要领】**

　　舌尖前音是由舌尖和齿背接触,气流在这一部位受阻后发出的一种辅音,由于它的发音部位比舌尖中音的发音部位靠前,所以称舌尖前音。

　　z、c、s 都是舌尖前音声母、清音,发音时声带不颤动,舌尖前部顶住或接近上齿背。z 与 c 的差别在于:z 是不送气声母,c 是送气声母。发 c 音,在舌尖略为放松时,有一股较强气流从舌尖和上齿背之间的缝隙中挤出来。

　　z、c 与 s 的差别在于:z、c 是塞擦音,发音时舌尖前部先顶住上齿背,然后慢慢离开,气流从窄缝中挤出;s 是擦音,发音时舌尖前部靠近上齿背,气流从窄缝中挤出,摩擦成声。

## 做早操

早晨早早起,早起做早操,
人人做早操,做操身体好。

做早操

## 紫茄子

紫紫茄子,紫茄子紫。
紫茄子结籽,紫茄子皮紫肉不紫。
紫紫茄子结籽,紫紫茄子皮紫籽也紫。
你喜欢吃皮紫肉不紫的紫茄子,
还是喜欢吃紫皮紫籽的紫紫茄子。

紫茄子

## 二人山前来比腿

山前有个崔粗腿,
山后有个崔腿粗,
二人山前来比腿。
不知是崔腿粗比崔粗腿的腿粗,
还是崔粗腿比崔腿粗的腿粗。

## 子词丝

四十四个字和词,组成一首子词丝的绕口令。

桃子李子梨子栗子橘子柿子槟子和榛子，
栽满院子村子和寨子。
刀子斧子锯子凿子锤子刨子尺子，
做出桌子椅子和箱子。
名词动词数词量词代词副词助词连词，
连成语词诗词和唱词。
蚕丝生丝熟丝缫丝染丝晒丝纺丝织丝，
自制粗丝细丝人造丝。

## 三哥、三嫂与酸枣

三哥三嫂子，借给我三斗三升酸枣子，
等我明年收了酸枣子，就如数还给三哥三嫂这三斗三
　　升酸枣子。

## 桑树与枣树

操场前面有三十三棵桑树，
操场后面有四十四棵枣树。
张三把三十三棵桑树认作枣树，
赵四把四十四棵枣树认作桑树。

## 石、斯、施、史四老师

石、斯、施、史四老师，天天和我在一起。

石老师教我大公无私,斯老师给我精神粮食,施老师教我遇事三思,史老师送我知识钥匙。我感谢石、斯、施、史四老师。

### 三、舌尖后音声母 zh、ch、sh、r 发音要领及练习

**【发音要领】**

zh、ch、sh、r 都是舌尖后音声母,发音时舌尖卷起来,舌尖后部顶住或靠近硬腭最前部。zh、ch 是塞擦音,发音时,舌尖翘起,顶住上牙床后面硬腭的前端,堵住气流通路,然后把舌尖放松一点,让气流从舌尖与硬腭间的窄缝中透出,摩擦成声,这时,上下齿之间稍稍离开,如果对镜观察,可以看得见翘起的舌尖的底面。zh、ch 相比较,zh 从窄缝中挤出的气流微弱,ch 从窄缝中挤出的气流较强。

sh 是擦音,发音时,舌尖向上举,舌尖后部靠近硬腭最前部,气流从窄缝中挤出。r 的发音状况与 sh 差不多,只是发音时要避免摩擦成分过重,江浙等地人往往发不好普通话 r 音,他们常常把 r 发成 l,如把"人"发成"lén","如"发成"lú"。要发好 r 音,不妨这样一试:先发 s-sh,连续发几遍,再发拖长的 l 音,然后把舌尖稍稍往后一撤,撤到大致相当于 sh 的部位,再发出来的就是很好的 r 音了。

## 学时事

史老师,讲时事,常学时事长知识。
学习时事看报纸,报纸登的是时事。
常看报纸要多思,心里装着天下事。

学时事

## 知道不知道

认识从实践始,实践出真知。
知道就是知道,不知道就是不知道。
不要知道说不知道,也不要不知道说知道。
老老实实,实事求是,一定要做到不折不扣的真知道。

知道不知道

## 吃瓜喝茶

我吃瓜我也请你吃瓜,
你喝茶你也请我喝茶。
(快速连说五遍)

## 朱叔锄竹笋

朱家一株竹,竹笋初长出。
朱叔处处锄,锄出笋来煮,
锄完不再出,朱叔没笋煮,竹株又干枯。

## 山羊上山

山羊上山,山碰山羊角,
水牛下水,水没水牛腰。
黑猪进圈,圈碰黑猪脑;
毛驴驮草,草压毛驴腰。

## 说日

夏日无日日亦热,冬日有日日亦寒,
春日日出天渐暖,晒衣晒被晒褥单,
秋日天高复云淡,遥看红日迫西山。

### 四、舌面前音声母 j、q、x 发音要领及练习

j、q、x 都是舌面前音声母,清音,声带不颤动。发音时,舌面前部贴住或接近前硬腭,q 的舌面活动与口形和 j 相同,在发音时,舌尖下垂,上下齿对紧形成阻碍的部位开始闭塞,随后放松,让气流从舌面与硬腭的窄缝里摩擦而出,是一种先塞后擦的音,所以叫塞擦音。

j 跟 q 的差别:j 是不送气音声母,q 是送气音声母。发 q 音时,舌面略为放松,有一股较强气流从舌面与硬腭间的窄缝挤出来。

发 x 音时,舌面向前向上,和硬腭前部接近,中间留

一道窄缝,让气流挤出来,j、q 跟 x 的差别在于:j、q 是塞擦音,发音时舌面前部贴住前硬腭,然后慢慢离开;x 是擦音,发音时舌面前部接近前硬腭。

## 比尖

尖塔尖,尖杆尖。
杆尖尖似塔尖尖,塔尖尖似杆尖尖。
有人说杆尖比塔尖尖,有人说塔尖比杆尖尖。
不知到底是杆尖比塔尖尖,还是塔尖比杆尖尖。

比尖

## 七加一

七加一,七减一,加完减完等于几?
七加一,七减一,加完减完还是七。

七加一

## 漆匠和锡匠

七巷一个漆匠,西巷一个锡匠,
七巷漆匠用了西巷锡匠的锡,
西巷锡匠拿了七巷漆匠的漆,
七巷漆匠气西巷锡匠用了漆,
西巷锡匠讥七巷漆匠拿了锡。

## 蛐蛐儿说大话

墙头高,墙头低,
墙旮旯有对蛐蛐在那儿吹大气。
大蛐蛐儿说:"昨儿个我吃了两只花不棱登的大老虎。"
小蛐蛐儿说:"今儿个我吃了两只灰不溜秋的大毛驴。"
大蛐蛐儿说:"我在南山爪子一抬,踢倒了十棵大柳树。"
小蛐蛐儿说:"我在北海大嘴一张,吞了十条大鲸鱼。"
这两个蛐蛐儿正在吹大气,扑棱棱打东边飞来一只芦花大公鸡。
你看这只公鸡有多愣,它"哆!"的一声吃了那只小蛐蛐儿。
大蛐蛐儿一看生了气,它龇龇牙捋捋须一伸腿,
唉!它也喂了芦花大公鸡!哈哈!
看它还吹大气不吹大气!


## 氢气球

氢气球,气球轻,
轻轻气球轻擎起,
擎起气球心欢喜。

## 稀奇

稀奇稀奇真稀奇,麻雀踩死老母鸡,

蚂蚁身长三尺六,八十岁的老头躺在摇篮里。

## 京剧与警句

京剧叫京剧,警句叫警句,

京剧不能叫警句,警句不能叫京剧。

## 新针纫新线

新针纫新线,新线纫新针,

针纫线,线纫针,新针新线心情新。

### 五、舌根音声母 g、k、h 发音要领及练习

**【发音要领】**

舌根音的发音位置在舌根和软腭间,是气流在这一部位受到阻碍后发出的一种辅音。舌根指的是舌的后面,所以舌根音也称舌面后音。

g、k 是舌根塞音,发音时软腭上升,鼻腔通路闭塞,气流从口腔里出来。二者的口形和舌根活动相同,只是在舌根顶住软腭,然后突然放开,气流激动阻碍点,口腔发

生共鸣而成声时,发g音透出的气流很微弱,而发k音透出的气流较强,g是不送气音声母,k是送气音声母。

　　h是舌根擦音,发音时舌根抬起来,靠近硬腭和软腭的交界处,气流从窄缝中挤出,摩擦成声,声带不颤动。

## 哥挎瓜筐过宽沟

哥挎瓜筐过宽沟,赶快过沟看怪狗,
光看怪狗瓜筐扣,瓜滚筐空哥怪狗。

哥挎瓜筐过宽沟

## 到姑家

正月到姑家,姑家未种瓜;

二月到姑家,姑家正种瓜;

三月到姑家,姑家瓜发芽;

四月到姑家,姑家瓜开花;

五月到姑家,姑家花长瓜;

六月到姑家,姑家正吃瓜。

到姑家

## 白米锅巴

白米煮白米锅巴,白面打白面疙瘩。

喝白面疙瘩,吃白米锅巴,

吃了白米锅巴,再喝白面疙瘩。

## 大锅和小锅

大哥有大锅,二哥有小锅,
大哥要换二哥的小锅,
二哥不换大哥的大锅。

## 读古通古

苦读古书懂古通古熟古,
不读古书不懂古不通古糊涂古。

## 瓜换花

小花和小华,一同种庄稼,
小华种棉花,小花种西瓜。
小华的棉花开了花,小花的西瓜结了瓜。
小花找小华,商量瓜换花,
小花用瓜换了花,小华用花换了瓜。

## 老爷堂上一面鼓

老爷堂上一面鼓,鼓上一只皮老虎。
老虎抓破堂上的鼓,拿块破布往上补。
只见过破布补破裤,哪见过破布补破鼓?

## 哥哥和姑姑

哥哥挂钩,钩挂哥哥刚穿的白小褂儿。
姑姑隔着隔扇去钩鼓,鼓高姑姑难钩鼓。
哥哥帮姑去钩鼓,姑姑帮哥把小褂儿补。

## 画花也是花

画上盛开一朵花,花朵开花花非花。
花非花朵花,花是画上花,
画上花开花,画花也是花。

## 和尚赏荷

和尚赏荷在河上,河上荷香和尚赏。
荷残河上和尚怅,和尚怅荷尘缘未忘,
来年和尚依旧赏荷香。

## 第二部分 韵母篇

韵母是音节中声母后面的部分,如"妈""怕"里的 a 就是韵母。

**【理论要点】**

普通话中的韵母,如果按照构成这些韵母的音素的多少及其性质加以分类,可以分为单元音韵母、复元音韵母和带鼻音韵母。

◎单元音韵母发音时——

口腔和舌头的肌肉要保持均衡紧张状态,找好它们的舌高点,注意它们的响度和开度,舌位、唇形、开口度始终不变,不能有动程。

◎复元音韵母发音时——

舌位、唇形、开口度有一个由甲元音向乙元音滑动的过程,注意要使一个复元音韵母的声音成为一个浑然整体,韵头要发得轻而短,韵腹的声音要清晰响亮,韵尾的音质稍含混。

◎鼻韵母发音时——

有一个由元音向鼻辅音的过渡,元音要发得响亮,鼻辅音发音时一定要完全关闭口腔通路,发前鼻尾韵时,最后舌尖要抵住上齿龈;发后鼻尾韵时,最后舌根要抵住软腭。注意鼻辅音比单念时要轻松些,阻碍要弱些,韵腹要长些,不要把鼻辅音拖得过长,过长了会造成鼻音过重;也不要收音过硬,收音过硬会影响声音的圆润。

人们也常常以韵母开头的元音音素的不同情况为标准,将韵母分为四类:

(1)开口呼韵母:不是由 i、u、ü 领头的韵母。如 a、ei、ou、eng。

(2)齐齿呼韵母:由 i 领头的韵母,如 i、ia、iang。

(3)合口呼韵母:由 u 领头的韵母,如 u、uo、uan。

(4)撮口呼韵母:由 ü 领头的韵母,如 ü、üan、ün。

开口呼、齐齿呼、合口呼、撮口呼,合称"四呼","四呼"是汉语音韵学上常用的术语。普通话韵母,按以上分类,可概括如下表:

| 开口呼韵母 | 齐齿呼韵母 | 合口呼韵母 | 撮口呼韵母 |
| --- | --- | --- | --- |
| i([ɿ]) | i | u | ü |
| a | ia | ua | |
| o | | uo | |
| e | | | |
| ê | ie | | üe |
| er | | | |
| ai | | uai | |
| ei | | uei | |

续表

| 开口呼韵母 | 齐齿呼韵母 | 合口呼韵母 | 撮口呼韵母 |
|---|---|---|---|
| ao | iao | | |
| ou | iou | | |
| an | ian | uan | üan |
| en | in | uen | ün |
| ang | iang | uang | |
| eng | ing | ueng | |
| ong | iong | | |

**【发音特点】**

单元音韵母是由一个元音音素构成的韵母,单元音韵母发音时,舌头是最灵活的,起的作用也大。

单元音韵母的发音特点是口形始终不变(er 除外)。所以,发音时可以先摆好口形,然后把气流送出来,自始至终唇形和舌位都不变动。另外,单元音韵母发音需抬起软腭堵塞鼻腔通路,但不能夹带鼻音色彩。

**【发音提示】**

学习 a、o、e、ê、i、u、ü 这几个单元音韵母,必须了解元音发音的不同,主要取决于舌头位置的高低前后和口唇形状的平展圆敛。"舌位"可以升高降低、前伸后缩;"唇形"可圆可不圆,每一个单元音都可以根据舌尖的高低、舌位的前后和唇形的圆不圆这三方面来分析。因此,要发准每个单元音韵母,就必须注意口的开、闭,舌位的前、后、高、低,嘴唇的形状。

舌的前后指舌头隆起部分在前或在后,也就是舌头的前伸或后缩。由此,分为发音时舌的前部稍稍隆起的前元音(i、ü、ê)、舌的前后都不隆起的央元音(a)和舌的后部隆起的后元音(u、o、e)。

口腔的开闭指上颚跟下颚的距离的大小。口腔的开闭跟舌位高低(舌头隆起部分跟上颚的距离)是密切相关的,如单元音韵母 i、u、ü 的发音,口腔开度小,舌位高;o 的发音,口腔开度大,舌位低。

嘴唇的形状指嘴唇的圆、扁或自然等状态,这里分为不圆唇音(发音时,嘴唇成扁形或自然状态,比如 i、e、a)和圆唇音(发音时,嘴唇拢成不同程度的圆形,比如 u、o、ü)。

总之,这七个由舌面元音构成的单元音韵母,其发音的差异受三个条件的制约:(1)舌头位置在前或在后;(2)舌面隆起位置高或低;(3)唇形圆或不圆。其中,舌面隆起位置的高低,也可以从口的开和闭(指开口度小,不是关闭)看出来,口闭,舌位就高;口开,舌位就低。如果试从这些方面仔细观察和比较每个单元音韵母的发音特点,就不难概括出它们的发音要领来。

还有,由舌面元音构成的单元音韵母,是构成复元音韵母和鼻韵母的基础。因此,在发音上应特别严格要求,需要真正掌握发音要领,并且多加练习。

下面结合含有这些单元音韵母的绕口令来练习,注意口腔发音器官要到位,对口形的开、闭,舌位的高、低、前、后,唇形的圆展,都要有一定的分寸。练习中,不妨对镜练习,细心分别开口度,摆准舌位、唇形,并注意气息和口腔的配合。

# 单元音韵母练习

1. a 发音要领

发 a 时,打开后声腔,呈半打哈欠状态,舌头居中,舌面中部略微隆起,舌的前后都不隆起,属于央元音,嘴唇形状自然,软腭上升,关闭鼻腔通道,声带振动。

## 胖娃娃和大花活河蛤蟆

一个胖娃娃,抓了三个大花活河蛤蟆,
三个胖娃娃,抓了一个大花活河蛤蟆。
抓了一个大花活河蛤蟆的三个胖娃娃,
真不如抓了三个大花活河蛤蟆的一个胖娃娃。

胖娃娃和大花活河蛤蟆

## 张大妈、夏大妈笑哈哈

张大妈,夏大妈,
你看咱们的好庄稼,

张大妈夏大妈笑哈哈

高的是玉米,低的是芝麻,
开黄花、紫花的是棉花,圆溜溜的是西瓜,
谷穗长得像镰把,勾着想把地压塌。
张大妈、夏大妈,边看边乐笑哈哈。

### 哑巴喜欢喇叭

哑巴碰见大妈,嘴里咿里哇啦。
大妈问哑巴说啥,哑巴瞧瞧大妈,
指指墙上喇叭,手还比比画画,
大妈这才明白,哑巴喜欢喇叭。

### 瓦打马

瓦打马,马踏瓦,
瓦打坏马,马踏坏瓦。

### 麻妈妈问妈妈

麻妈妈问妈妈,
妈妈老问麻妈妈。

### 篱笆

篱笆连篱笆,疙瘩挨疙瘩。

哑巴碰篱笆，磕个大疙瘩。

## 拉哪匹马

门前有八匹大伊犁马，
你爱拉哪匹马就拉哪匹马。

## 马大哈

马大妈的儿子叫马大哈，马大哈的妈妈是马大妈。
马大妈让马大哈买麻花，马大哈给马大妈买西瓜。
马大妈让马大哈割芝麻，马大哈给马大妈摘棉花。
马大妈告诉马大哈，以后不能再马大哈，
马大哈不改马大哈，马大妈就不要马大哈。

2. o 发音要领

发 o 音，口腔半闭，舌头后缩，舌尖下垂，舌面后部隆起，属于后元音，两唇收敛，上下唇间距离约如一食指宽，上齿可见，下齿看不见，略呈圆形，软腭上升，声带振动。

发 o 音要注意的是唇形，要防止开口过大，也要防止口形、舌位变化而读成"ou"（欧），也不要收拢得太小，太小就近似 u 了。因此要把唇形掌握好再发音，发音中间，保持唇形不动。

## 簸谷子

婆婆簸谷子,簸去谷秕子,
伯伯簸谷子,簸去秕谷子,
婆婆和伯伯,簸谷做种子。

簸谷子

## 四老伯

骆老伯,郭老伯,柯老伯,柏老伯,
骆郭柯柏四老伯,约着城北买菱角。
买得菱角阁上剥,各剥各,各吃各,
阁角莫落菱角壳。
免得戳了骆郭柯柏四老伯的脚脖。

四老伯

## 借钵钵

王伯伯来借钵钵,我问婆婆要钵钵,
婆婆拿来钵钵,我把钵钵递给王伯伯,
王伯伯拿起钵钵笑呵呵。

## 颗颗豆子进石磨

颗颗豆子进石磨,磨成豆腐送哥哥,
哥哥说我的生产虽然小,可是小小的生产贡献多。

## 墨与馍

老伯伯卖墨,老婆婆卖馍,
老婆婆卖馍买墨,老伯伯卖墨买馍。
墨换馍老伯伯有馍,馍换墨老婆婆有墨。

### 3. e 发音要领

发 e 音,口半闭,上下门齿稍微离开,唇不圆,嘴角向左右微展,上下齿都看得见。上下唇间距离约一食指宽,上下齿间距离约一小指宽,舌位大致同 o(比 o 稍高),也可以用 o 引导发音,就是说,先发 o 音,拖长,逐渐把收敛的双唇放开,嘴角向左右微展,就是 e 音了。如果这时面带微笑,可以帮助咧开嘴,容易发准。和 o 的差别主要在唇的圆与不圆,所以在掌握 o 的准确发音后,把双唇向两边展开,就可以发出 e。

## 鹅和河

坡上立着一只鹅,坡下就是一条河。
宽宽的河,肥肥的鹅,
鹅要过河,河要渡鹅,
不知是鹅过河,还是河渡鹅。

鹅和河

## 阁上一窝鸽

阁上一窝鸽,鸽渴叫咯咯。
哥哥登阁搁水给鸽喝,鸽子喝水不渴不咯咯。

阁上一窝鸽

## 是个红薯滚下坡

村里有条清水河,河岸是个小山坡,
社员坡上挖红薯,闹闹嚷嚷笑呵呵。
忽听河里一声响,河水溅起一丈多,
吓得我忙大声喊:"谁不小心掉下河?"
大家一听笑呵呵,有个姑娘告诉我:"不是有人掉下河,是个红薯滚下坡。"

## 黄贺和王克

一班有个黄贺,二班有个王克,
黄贺王克二人搞创作,黄贺搞木刻,王克写诗歌。
黄贺帮助王克写诗歌,王克帮助黄贺搞木刻。
由于二人搞协作,黄贺完成了木刻,王克写好了诗歌。

4. i 发音要领

发 i 时,舌头前伸,舌的前部隆起,口腔开度很小,嘴唇成扁形,嘴角尽量向左右展开,上下门齿接近,舌尖下垂在下门齿背后,气流通路狭窄。在实际应用中,尽可能达到窄音宽发,即把舌位后移一点儿,使口腔开一点儿。

## 七个阿姨来摘果

一二三四五六七,七六五四三二一,
七个阿姨来摘果,七个花篮手中提。
七个果子摆七样:苹果、桃儿、石榴、柿子、
　李子、栗子、梨。

七个阿姨来摘果

## 梨和李

李子树上嫁接梨,梨树上面嫁接李,
说李有梨味,说梨有李味,
弟弟吃了笑眯眯,分不清是李还是梨。

梨和李

## 太阳我问你

太阳太阳我问你,敢不敢来比一比,
我们出工老半天,你睡大觉迟迟起,
我们摸黑儿才回来,你早收工进地里,
太阳太阳我问你,敢不敢来比一比。

## 谷秕子和秕谷子

一半谷秕子,一半秕谷子,
两半对一块,分不清哪是谷秕子,
也分不清哪是秕谷子。

## 人心齐,泰山移

人心齐,泰山移。
男女老少齐出力,要与老天比高低。
挖了干渠几十里,保浇了万亩良田地。

## 王七上街去买席

清早起来雨浙浙,王七上街去买席。
骑着毛驴跑得急,捎带卖蛋又贩梨。
一跑跑到小桥西,毛驴一下跌了蹄,
打了蛋,撒了梨,跑了驴,
急得王七眼泪滴,又哭鸡蛋又骂驴。

5. u 发音要领

u,口腔开度很小,上下唇尽力收缩成圆形,双唇向前突出(动作如噘嘴),中间只留一个小圆孔,舌头压缩,舌的后部隆起,如果和 ü 的唇形相比,u 最圆,ü 略扁;u

双唇向前突出,ü不太突出。

## 小黑虎数猪

爷爷领着孙子小黑虎,到猪圈里数黑猪。
黑猪圈在猪圈里,个个猪圈都有猪。
小黑虎不马虎,挨着个儿地把猪数。
黑猪围着小黑虎,转来转去乱乎乎。
黑虎数了半天小黑猪,不知哪些黑猪挨过黑虎数,
也不知黑虎数过哪些小黑猪。
逗得爷爷抿嘴笑,急得黑虎直要哭,
爷爷说:"小黑虎,你别哭,这是十五只小黑猪。"

小黑虎数猪

## 姑姑艰苦朴素

一块土粗布,一条粗布裤,
姑姑屋内补布裤。
姑姑针线纯熟,姑姑速度迅速,
土粗布补粗布裤,粗布裤上补土粗布,
土粗布补住粗布裤,粗布裤补上土粗布。
姑姑艰苦朴素,扛锄去到山谷筑水库。

姑姑艰苦朴素

## 多种树,多养兔

傅家屯老扈会种树,扈家庄老傅会养兔;

老扈致富多种树,老傅致富多养兔;
养兔致富的老傅跟种树致富的老扈比富,
扈家庄的老傅和傅家屯的老扈都成了富户。

## 顾老头

有个老头本姓顾,
上街买醋带买布,
打了醋,买了布,抬头忽见鹰叼兔。
放下我的布,丢下我的醋,去捉鹰叼兔。
回来不见我的醋和布,
飞了鹰,走了兔,少了布,翻了醋。

## 护树

北风吹落路边树,小陆上前把树护,
一根大杆路边竖,一条绳子拴捆住。
树有木杆做支柱,木杆支树树稳固。

## 胡老五和吴小虎

胡家胡同有一个胡老五,吴家胡同有一个吴小虎,
五月二十五的五点二十五,
胡老五走出胡家胡同来找吴小虎,

吴小虎在吴家胡同迎接胡老五。

## 壁上挂只鼓

壁上挂只鼓,鼓里画个虎。
虎扒破了鼓,拿块布来补。
不知是布补虎,还是布补鼓。

## 苏家和谷家

苏家养猪,谷家栽竹。
苏家猪拱谷家竹,竹笋扎破猪肚肚。
谷家要苏家赔竹,苏家要谷家赔猪。

## 胡苏夫和吴夫苏

胡庄有个胡苏夫,吴庄有个吴夫苏,
胡庄的胡苏夫爱读诗书,吴庄的吴夫苏爱读古书。
胡苏夫的书屋里摆满了诗书,吴夫苏的书屋里放满了
　　古书。

## 兔、鼠、树

一只鼠,一只兔,兔鼠同去伐小树,
兔挖土,鼠咬树,惊动吃草小肥猪。

猪架兔,兔背鼠,齐心协力撼小树。
咯吱一声倒下树,牢牢压住小灰鼠。
树压鼠,鼠压兔,兔儿压住小肥猪,
猪儿压土唤不住,"兔、鼠、树,树、兔、鼠……"

## 6. ü发音要领

　　ü的舌位和i相同,只是唇形不同。ü是圆唇,双唇聚拢,唇中间留一个扁平的小孔。如果只会发i音,不会发ü音,可以先发i音,然后把舌头固定起来,声音拖长,逐渐收拢双唇和嘴角,即成ü。

### 村里新开一条渠

村里新开一条渠,弯弯曲曲上山去。
河水雨水渠里流,满山庄稼一片绿。

村里新开一条渠

### 驴遇鹿

驴在半路遇上鹿,
鹿不让驴,驴不让鹿。

驴遇鹿

### 芜湖徐如玉

芜湖徐如玉,出去屡次遇大雾。
曲阜苏愚卢,上路五回遇大雨。

## 养 鱼

大渠养大鱼不养小鱼,小渠养小鱼不养大鱼。
一天天下雨,
大渠水流进小渠,小渠水流进大渠。
大渠里有了小鱼不见大鱼,
小渠里有了大鱼不见小鱼。

## 吃橘子

吃橘子,剥橘子,
橘皮丢在垃圾箱里。
不吃橘子,不剥橘子,
不把橘子丢在垃圾箱里。

## 红鲤鱼与绿鲤鱼

红鲤鱼家有头小绿驴叫李屡屡,
绿鲤鱼家有头小红驴叫吕里里,
红鲤鱼说他家的李屡屡比绿鲤鱼家的吕里里绿,
绿鲤鱼说他家的吕里里比红鲤鱼家的李屡屡红,
不知是绿鲤鱼比红鲤鱼的驴红,还是红鲤鱼比绿鲤鱼
的驴绿!

# 复元音韵母练习

复元音韵母是由两个以上元音音素结合在一起构成的韵母,掌握复元音韵母发音要注意:

(1)念复元音韵母,不能念了一个元音接着再念另一个元音,只能从一个元音向另一个元音的方向滑动,使之成为一个结合体。在这一滑动过程中,口腔、舌头、嘴唇等发音器官的运动要连贯自然,不得机械分解,而且运动幅度不宜过大。

(2)念普通话的复元音韵母时,不能把几个元音念得同样清晰、响亮。复元音韵母的各构成要素,发音时肌肉的紧张程度和声音的响亮程度是不一样的,作为中心成分的元音,发音较响亮、清晰,肌肉较紧张;其余的元音音素发音短暂,响亮度和肌肉的紧张程度也差些。

(3)复元音韵母的发音特点是口形变动,由前一个元音到后一个元音的发音变动是"滑动",气流绝对不能中断,必须读成一个整体。

普通话的复元音韵母有 13 个,即:ai、ei、ao、ou、ia、

ie、iao、iou、ua、uo、uai、uei、üe。按响亮度大的音素在复元音韵母中的位置来划分，可分为前响复元音韵母、后响复元音韵母、中响复元音韵母三类。

## （一）前响复元音韵母的发音特点

ai、ei、ao、ou 这四个二合前响的复元音韵母，都由两个元音构成，结构都是"韵腹＋韵尾"，发音时，前一个元音开口度大，声音响亮清晰；后一个元音开口度小，声音短促模糊，两个元音间过渡趋向要清楚、准确，不得拐弯。

这四个复元音韵母，发音的共同特点是：发音时口腔由开到闭，舌位由低到高，声音由较响亮到较含混。

### 1. ai 发音要领

ai 由"前 a"开始，舌尖顶下门齿背，一直不动，舌位逐渐上升（舌尖顶住下门齿背不动，舌面前部逐渐上升，口形渐闭），到接近 i 时止，动程宽，a 响而长，i 弱而短。a 比通常单念时舌位偏前，发音较长、较响亮；末尾的 i，舌位实际上不及单念时那样高，发音短而模糊。

ai、ei 发音时要注意口形的开合，舌位的移动。

## 大麦和小麦

大妹和小妹，一起去收麦。

大妹割小麦，小妹割大麦。

大麦和小麦

大妹帮小妹挑大麦,小妹帮大妹捆小麦。
大妹小妹收完麦,高高兴兴去打麦。
大妹打小麦啪啪劈,小妹打大麦劈劈啪。

## 掰白菜

掰白菜,搬白菜,
掰完白菜搬白菜,搬完白菜掰白菜。

掰白菜

## 小艾和小戴

小艾和小戴,一起来买菜,
小艾把一斤菜给小戴,小戴有比小艾多一倍的菜;
小戴把一斤菜给小艾,小艾小戴就有一般多的菜,
请你想想猜猜,小艾和小戴各买了多少菜?

## 海带和白菜

艾白凯买来海带和白菜,泡开海带切白菜,
摆好白菜切海带,艾白凯爱吃海带拌白菜。

## 喜送公粮

大船开,小船来,送粮船队一排排,
汽笛声声催船来,喜送公粮破浪来。

2. ei 发音要领

由"前 e"开始,舌位渐升,到接近 i 而止,动程很窄。e 比通常单念时舌位要靠前得多,舌中央稍前的部位升至半高,发音响而长;末尾的 i,舌位不及单念时那样高,发音弱而短。

## 乌鸦说黑猪

乌鸦站在黑猪背上说黑猪黑,
黑猪说乌鸦比黑猪还要黑,
乌鸦说它身比黑猪黑嘴不黑,
黑猪听罢笑得嘿嘿嘿。

乌鸦说黑猪

## 花更美

有水无肥花不肥,有肥无水花不美。
种花施肥又浇水,有水有肥花更美。

花更美

## 冬天雪花是宝贝

北风吹,雪花飞,冬天雪花是宝贝,
去给麦苗盖上被,明年麦子多几倍。

## 背水杯

贝贝背水杯,水杯贝贝背,
贝贝背水杯背背水杯,
水杯贝贝背,贝贝背水杯。

## 肥混肥

黑肥混灰肥,灰肥混黑肥,
黑肥混灰肥黑肥黑又灰,
灰肥混黑肥灰肥灰又黑。
黑肥混灰肥,肥比黑肥灰;
灰肥混黑肥,肥比灰肥黑。

3. ao 发音要领

由"后 a"开始,舌头一直后缩,舌位逐渐上升,唇形逐渐收敛,拢圆,到接近 o 时止,动程宽。a 比通常单念时舌位偏后,发音响而长;末尾的 o,舌位比单念时稍高,嘴唇要收敛得更拢一些,接近于 u,发音短而模糊。

## 绕

天下事,一大绕,看你会绕不会绕。
会绕无绕绕干绕,不绕有绕绕绕跑,

绕

有时绕绕绕难绕,硬着头皮再绕绕。
往左绕,往右绕,往前绕,往后绕,
东西南北绕四绕,绕绕绕绕绕绕好。
绕绕绕,绕绕绕,
绕绕绕绕复绕绕,绕绕绕绕绕好了。

## 猫闹鸟

东边庙里有个猫,西边树梢有只鸟。
猫鸟天天闹,不知是猫闹树上鸟,
还是鸟闹庙里猫。

猫闹鸟

## 姥姥和老姥姥

老姥姥老问姥姥老不老,
姥姥老问老姥姥小不小。

## 老老道小老道

高高山上有座庙,庙里住着两老道,
一个年纪老,一个年纪少。
庙前长着许多草,
有时候老老道煎药,小老道采药。
有时候小老道煎药,老老道采药。

## 猫吃桃

河边有座窑,窑上有个槽,
槽里放件袍,袍内包个桃。
对岸有只猫,想吃窑上槽里袍内桃。
可惜河上没有桥,过不了河,上不了窑,
够不着槽,咬不住袍,吃不了桃。

## 姥姥和淘淘

姥姥疼淘淘,淘淘疼姥姥。
姥姥疼淘淘,她喊淘淘叫"宝宝";
淘淘疼姥姥,他喊姥姥叫"脑脑"。

## 扔草帽

隔着墙头扔草帽,
不知是草帽套老头儿,
还是老头儿套草帽。

4. ou 发音要领

由 o 音滑向 u 音。o 的发音,嘴唇的收敛不及单念时那么拢,那么圆,发音较长,较响亮;末尾的 u,比单念时舌位稍低,嘴唇收敛得不太紧,不太圆,发音短而模糊。

## 买肉和买油

尤大嫂去买肉,冉大妈去买油,
尤大嫂买肉不买油,冉大妈买油不买肉。
俩人集上碰了头,尤大嫂请冉大妈到家吃炖肉,
冉大妈请尤大嫂去她家喝蜂蜜白糖加香油。

## 狗和猴

杂技团里狗和猴,演个节目猴骑狗。
猴骑狗,狗驮猴,狗驮猴骑往前走,
猴在狗背欺侮狗,狗使劲摔背上猴。
猴抓狗,狗咬猴,猴骑狗变狗斗猴。

## 找裂口

李小牛,往前走,脚下踢起一颗豆,
捡起豆,四下瞅,一辆大车往前走,
"老爷爷,慢点走,车上麻袋有裂口。"
大车停下不再走,找呀找,找裂口。
找到了,缝裂口。
老爷爷乐得直点头。

## 老六放牛

柳林镇有个六号楼,刘老六住在六号楼,
有一天,来了牛老六,牵了六只猴;
来了侯老六,拉了六头牛;
来了仇老六,担了六篓油;
来了尤老六,背了六匹绸。
牛老六、侯老六、仇老六、尤老六,
住上刘老六住的六号楼,半夜里,牛抵猴,猴斗牛,
撞倒了仇老六的油,油坏了尤老六的绸。
仇老六拉起牛老六要赔油,尤老六拉着侯老六要赔绸,
牛老六怨侯老六的牛,侯老六怨牛老六的猴。

## 小猪扛锄头

小猪扛锄头,吭哧吭哧走。
小鸟唱枝头,小猪扭头瞅。
锄头撞石头,石头砸猪头,
小猪怨锄头,锄头怨猪头。

## 一个老头儿一盅酒

一个老头儿一盅酒,就着一块藕。

吃一口,喝一口,一棵柳树搂一搂,
一个小妞儿扭一扭。
十个老头儿十盅酒,就着十块藕。
吃十口,喝十口,十棵柳树搂一搂,
十个小妞儿扭一扭。

## 猴山

猴子山上上山猴,猴山山陡猴发愁。
猴子发愁猴挠头,猴挠猴头愁山猴。

## 忽听门外人咬狗

忽听门外人咬狗,拿起门来开开手;
拾起狗来打砖头,又被砖头咬了手;
从来不说颠倒话,口袋驮着骡子走。

### (二)后响复元音韵母的发音特点

ia、ie、ua、uo、üe 这五个二合后响的复韵母,也都由两个元音构成,结构则是"韵头+韵腹"。前一个元音开口度小,声音短促模糊;后一个元音开口度大,声音响亮、清晰,两个元音间过渡趋向要清楚、准确。

这一组复元音韵母发音的共同特点,与前响复元音韵母恰好相反:口腔都由闭到开,舌位由高到低,声音由较含混到较响亮。

1. ia、ie 发音要领

ia：由 i 音滑向 a 音。i 和 a 的发音与单念时没有多大差别，只是 i 发音较为短暂，a 发音较为响亮、清晰。

ie：由 i 音滑向 ê 音，i 和 ê 的发音与单念时无多大区别，只是 i 发音较为短暂，ê 发音较为响亮、清晰。

## 贾家养虾

贾家有女初出嫁，嫁到夏家学养虾。
喂养的对虾个头儿大，卖到市场直加价。
贾家爹爹会养鸭，鸭子虽肥伤庄稼。
邻里吵架不融洽，贾家也学养对虾。
小虾卡住了鸭子牙，大鸭咬住了虾的夹。
夏家公公劝，贾家爹爹压，
大鸭不怕吓，小虾装得嗲，
夏家贾家没办法。

贾家养虾

## 麻字谣

麻字谣

麻家爷爷挑着一对麻叉口，走到麻家婆婆的家门口，
麻家婆婆的一对麻花狗，咬破了麻家爷爷的麻叉口。
麻家婆婆拿来麻针、麻线，来补麻家爷爷的麻叉口。

## 分不清是鸭还是霞

天空飘着一片霞,水上游来一群鸭。
霞是五彩霞,鸭是麻花鸭。
麻花鸭游进五彩霞,五彩霞网住麻花鸭。
乐坏了鸭,拍碎了霞,分不清是鸭还是霞。

## 杰杰和姐姐

杰杰和姐姐,花园里面捉蝴蝶。
杰杰去捉花中蝶,姐姐去捉叶上蝶。
捉了灰蝶捉粉蝶,捉了彩蝶捉凤蝶。

## 孩子和鞋子

孩子是孩子,鞋子是鞋子,
孩子不是鞋子,鞋子不是孩子。
是孩子穿鞋子,不是鞋子穿孩子,
谁分不清鞋子和孩子,谁就念不准鞋子和孩子。

2. ua 发音要领

由 u 开始,舌位渐降,趋向中央,到"中 a"而止,动程宽。u 紧而短,a 响而长。

## 瓜棚挂瓜

瓜棚挂瓜,瓜挂瓜棚。
风刮瓜,瓜碰棚。
风刮棚,棚碰瓜。

瓜棚挂瓜

## 王婆夸瓜又夸花

王婆卖瓜又卖花,一边卖来一边夸,
又夸花,又夸瓜,夸瓜大,大夸花,
夸来夸去没人来理她。

王婆夸瓜又夸花

## 红花和黄花

华华有两朵黄花,红红有两朵红花,
华华要红花,红红要黄花,华华送给红红一朵黄花,
红红送给华华一朵红花,红红有红花和黄花,
华华有黄花和红花,两人笑得脸上像朵花。

3. uo 发音要领

由 u 开始,舌位渐降到 o 而止,动程很窄,u 紧而短,o 响而长。注意:发这个音一定要有动程,口由合而稍开,不要读得与 o 没有分别。

## 螺蛳和骡子

胡子担了一担螺蛳,驼子骑了一匹骡子。

胡子的螺蛳撞了驼子的骡子,

驼子的骡子踩了胡子的螺蛳。

胡子要驼子赔胡子的螺蛳,

驼子要胡子赔驼子的骡子。

胡子骂驼子,驼子打胡子,

螺蛳爬到骡子头上去啃鼻子。

螺蛳和骡子

## 菠萝与陀螺

坡上长菠萝,坡下玩陀螺。

坡上掉菠萝,菠萝砸陀螺,

砸破陀螺补陀螺,顶破菠萝剥菠萝。

菠萝与陀螺

## 霍湖、郭海和汪活

霍湖、郭海和汪活,三人一起烧茶喝,

霍湖点火,郭海烧锅,汪活劈柴火。

霍湖点着火,郭海来烧锅,

霍湖问郭海为何未烧锅,

郭海问汪活为何未劈柴火?

霍湖怪郭海,郭海怪汪活,

汪活怪劈柴火为何劈不破?

## 窝和锅

树上一个窝,树下一口锅,
窝掉下来砸着锅,窝和锅都破。
锅要窝赔锅,窝要锅赔窝,
不知该锅赔窝,还是窝赔锅。

## 朵朵花朵像云朵

绿秧棵,开花朵,花朵朵朵结果果。
果果开花一朵朵,朵朵花朵像云朵。

4.üe发音要领

由ü开始,舌位渐降,到ê而止,动程较窄。ü和ê的发音与单念时基本相同,ü紧而短,ê响而长。

## 瘸子和矬子

南边来了个瘸子,腰里别着个橛子,
北边来了个矬子,肩上挑着担茄子。
别橛子的瘸子要用橛子换挑茄子的矬子一个茄子,
挑茄子的矬子不换给别橛子的瘸子茄子,
别橛子的瘸子抽出腰里的橛子打了挑茄子的矬子一

瘸子和矬子

橛子，
挑茄子的矬子拿起茄子打了别橛子的瘸子一茄子。

## 喜鹊

一群灰喜鹊，一群黑喜鹊。
灰喜鹊飞进黑喜鹊群，黑喜鹊群里有灰喜鹊。
黑喜鹊飞进灰喜鹊群，灰喜鹊群里有黑喜鹊。

喜鹊

## 棉花和雪花

棉花白，雪花白；
棉花像雪花，雪花像棉花；
棉花不是雪花，雪花不是棉花；
冷冰冰的是雪花，暖烘烘的是棉花。

### （三）中响复元音韵母的发音特点

iao、iou、uai、uei 这四个三合中响复韵母，是由三个元音构成的，结构都是"韵头＋韵腹＋韵尾"，发音时，口由闭到开然后再闭，都有两个动程；中间元音最为响亮，前后两个元音则比较模糊。

要掌握这几个复元音韵母的发音并不难，可以利用已学过的 ai、ei、ao、ou 这四个前响复元音韵母去掌握。先发一个较短暂的 i，由 i 音滑向 ao 音，就成了 iao；由 i

音滑向 ou 音,便成了 iou;同样,先发一个较短暂的 u,由 u 音滑向 ai 音,就成了 uai;由 u 音滑向 ei 音,便成了 uei。

### 1. iao 发音要领

ao 前增加一段由 i 开始的发音动程。舌位活动先降后升,由前到后,呈大曲折形状,幅度大,曲折角度不大,i 是紧而短的。

## 描庙

东描庙,西描庙,
左描庙,右描庙,
调转头来描描庙。
前描庙,后描庙,
这一描,那一描,
描得判官满面毛。

描庙

## 雕和箫

一把雕刀,雕出好箫。
刀是小雕刀,箫是"玉屏箫"。
好箫出好调,箫靠好刀雕,
刀要艺巧高。

雕和箫

## 倒吊鸟

梁上两对倒吊鸟,泥里两对鸟倒吊。
可怜梁上的两对倒吊鸟,
惦着泥里的两对鸟倒吊。
可怜泥里的两对鸟倒吊,
也惦着梁上的两对倒吊鸟。

## 大嫂子和大小子

一个大嫂子,一个大小子,
大嫂子跟大小子比包饺子。
不知是大嫂子包的饺子不如大小子,
还是大小子包的饺子不如大嫂子。

## 慢表

表慢,慢表,慢表慢半秒。
慢半秒,拨半秒,拨过半秒多半秒,
多半秒,拨半秒,拨过半秒少半秒。
拨来拨去是慢表,慢表表慢慢半秒。

## 巧巧和小小

巧巧过桥找嫂嫂,小小过桥找姥姥,

巧巧桥上碰着小小,小小约巧巧去找姥姥,巧巧约小小去找嫂嫂。
小小、巧巧同去找姥姥、嫂嫂。

### 辣椒和花椒

辣椒辣,花椒麻。
辣椒比花椒辣,花椒比辣椒麻。
花椒辣椒麻辣麻辣,辣椒花椒辣麻辣麻。

### 半瓢瓢面

半瓢瓢面包半瓢瓢扁食。

### 吊刀

楼上吊刀刀倒吊着。

2. iou 发音要领

ou 前增加一段由 i 开始的发音动程,舌位活动先降后升,由前到后呈小曲折开状,幅度不大,曲折角度大,i 是紧而短的。

### 舀油

凉勺舀热油,热勺舀凉油。

舀油

凉勺舀了热油舀凉油,热勺舀了凉油舀热油。

## 找舅舅

六舅舅和九舅舅,同去舅家看舅舅。
舅舅是六舅舅的舅舅,舅舅也是九舅舅的舅舅。
六舅舅和九舅舅,俩舅舅合看一个舅舅。

## 妞妞攉牛

妞妞攉牛,
牛拗妞妞拧牛。

妞妞攉牛

## 春雨贵如油

春雨贵如油,渠水是美酒,
美酒灌麦田,醉得麦田绿油油。

## 绣鞋

秀秀绣绣鞋,绣鞋秀秀绣,
绣鞋秀秀绣绣鞋,秀秀绣鞋绣鞋绣。

## 小柳和小妞

路东住着刘小柳,路南住着牛小妞,

刘小柳拿着大皮球,牛小妞抱着大石榴,
刘小柳把大皮球送给牛小妞,
牛小妞把大石榴送给刘小柳,
牛小妞脸儿乐得像红皮球,
刘小柳笑得像开花的大石榴。

## 酒换油

一葫芦酒九两六,一葫芦油六两九。
六两九的油,要换九两六的酒,
九两六的酒,不换六两九的油。

## 战士学编篓

大柳河旁有六十六棵大青柳,
大青柳下有六十六个柳条儿篓,
有六十六个入伍六个月的战士学编篓,
教编篓的是大柳河公社大柳河大队六十六岁的刘老六。

### 3. uai 发音要领

ai 前再增加一段由 u 舌位开始的发音动程,舌位活动先降后升,由后到前,呈大曲折形状,幅度大,曲折角度不大。u 是紧而短的。

## 稀奇古怪

稀奇古,两条裤;

稀奇怪,两双筷;

稀奇古怪,裤破筷断。

稀奇古怪

## 管会计和季会计

管会计和季会计

管会计打算盘噼里啪啦,季会计打算盘啪啦噼里,

管会计、季会计齐打算盘,噼里啪啦,啪啦噼里。

## 谁锤快

炉东有个锤快锤,炉西有个锤锤快,

两人炉前来比赛,不知是锤快锤比锤锤快锤得快,

还是锤锤快比锤快锤锤得快。

## 槐树歪歪

槐树歪歪,坐个乖乖。

乖乖用手,摔了老酒,

酒瓶摔坏,奶奶不怪,

怀抱乖乖,出外买买。

### 4. uei 发音要领

ei 前增加一段由 u 舌位开始的发音动程。舌位活动先降后升，由后到前，呈小曲折形状，幅度不大，曲折角度大，u 是紧而短的。

## 嘴和腿

嘴说腿，腿说嘴。
嘴说腿爱跑腿，腿说嘴爱卖嘴。
光动嘴，不动腿，
不如不长腿。
光动腿，不动嘴，不如不长嘴。
又动腿，又动嘴，腿不再说嘴，嘴不再说腿。

嘴和腿

## 鼓玻璃柜

鼓玻璃柜，扁玻璃柜，
鼓玻璃柜比扁玻璃柜鼓；
扁玻璃柜，鼓玻璃柜，扁玻璃柜比鼓玻璃柜扁。

鼓玻璃柜

## 秃老美和小魔鬼

南边来了个秃老美，北边来了个小魔鬼，
秃老美打断了小魔鬼的腿，小魔鬼咬破了秃老美的嘴。

## 巡逻之歌

歌逐晨雾飞,蹄下露珠碎,
北疆铁骑去巡逻,满身披朝晖。
心潮起伏似潮涌,战斗激情如江水。
凝视茫茫大草原,胸怀世界为人类。
大雨浇军衣,惊雷壮军威,
春夏秋冬如一日,昼夜勤巡回。
长征火种播心田,中南海灯光照边陲。
阳光雨露育新蕾,锤炼红色新一辈。
金光洒满道,锦绣铺塞北,
胜利凯歌一曲曲,声声诱人醉。
矫健战马急鞭催,钢铁长城筑心内。

## 谁胜谁

梅小卫叫飞毛腿,卫小辉叫风难追。
两人参加运动会,百米赛跑快如飞。
飞毛腿追风难追,风难追追飞毛腿。
梅小卫和卫小辉,最后不知谁胜谁?

## 风吹灰

风吹灰堆灰乱飞,灰飞花上花堆灰。

风吹花灰灰飞去,灰在风里灰又飞。

## 出对,对对

出对易,对对易,
对易易对对对易;
出对难,对对难,
对难难对对对难。

# 鼻韵母练习

鼻韵母是由母音加上一个鼻尾音构成的韵母。在普通话里，充当韵母尾音的鼻音只有两个，这就是 n 和 ng。n 是舌尖音，由舌尖抵住齿龈发出，用它构成的鼻韵母有 an、en、uan、uen、üan、ün、ian、in 八个；ng 是舌根音，由舌根抵软腭发出，用它构成的鼻韵母有 ang、eng、uang、ueng、iang、ing、ong、iong 八个。舌尖音 n 的发音部位在前，所以叫前鼻音；舌根鼻音 ng 的发音部位在后，所以叫后鼻音。

学习这两类鼻韵母的发音，关键在于发好韵尾－n 和－ng，并分清韵腹元音舌位的前后。由于它们之间韵腹、韵尾在前或后的不同，发前鼻韵母时口就开得小，音色细窄；发后鼻韵母时口就张得大，出气流畅，音色宽宏。

总的看，鼻韵母也是一个整体，发音时由元音向鼻辅音滑动，鼻音色彩逐渐加浓，最后变成纯鼻音。作为韵尾的鼻辅音－n 和－ng，发音特点是口腔造成阻碍，气流没有冲破口腔的阻碍，全部通过鼻腔出来。

## (一)前鼻音韵母的发音特点

普通话由前鼻音 n 收尾的韵母有：an、en、ian、in、uan、uen、üan、ün。这些韵母的发音，都要从元音过渡到鼻辅音 n，它们的发音特点是：韵腹元音的舌位偏前，发音时舌尖先下垂，再向上紧抵上齿龈，让气流全部从鼻腔送出。

注意：发这组音收尾时，要将舌前缘收到上齿龈，不能收到两齿间，更不能突出于齿外。

### 1. an 发音要领

发先 a，但舌位比单念时偏前，舌尖顶住下齿背，发完 a 后，舌面稍升，舌尖离下齿背直奔上门齿后的上牙床。同时软腭下垂，让气流从鼻腔流出，这样发出的音就是 an。an 的口形应是先开后合。

### 擀面

一块面擀不满案板，
半块面倒擀满案板。

擀面

### 壁眼与鸭蛋

壁上八个壁眼，地下八个鸭蛋。

壁眼与鸭蛋

捡起地下八个鸭蛋,塞进壁上八个壁眼。

## 帆船

蓝海湾,漂帆船,帆船挂着白船帆。
风吹船帆帆船走,船帆带着船向前。

## 张家湾和李家湾

从前有个张家湾,村前有座山;
从前有个李家湾,村后有个滩。
从张家湾到李家湾,要攀高高低低的山,
要绕曲曲弯弯的滩。
打通山,填平湾,张家湾,李家湾,
不爬山,不过滩,一条大路平坦坦,
来来往往不困难。

## 碗盛饭

红饭碗,黄饭碗,红饭碗盛满饭碗,
黄饭碗盛饭半碗,黄饭碗添了半碗饭,
红饭碗减了饭半碗,黄饭碗比红饭碗又多半碗饭。

## 搬木板

搬板摆木板,摆板搬木板,

摆罢木板搬木板,搬罢木板摆木板,
先搬木板,后摆木板;
后摆木板,先搬木板。
搬木板又摆木板,块块木板搬摆完。

2. en 发音要领

先发 e,但舌位比单念时偏前、偏低,舌面中央稍隆起,舌位在半高、半低之间,接着舌头前伸,抵向齿龈,同时软腭下垂,让气流从鼻腔流出,这时上下牙齿是闭拢的,由 e 到 n,舌头位置移动不大。

**闷娃和笨娃**

闷娃闷,笨娃笨,
闷娃嫌笨娃笨,笨娃嫌闷娃闷。
闷娃说笨娃我闷你笨,笨娃说闷娃我笨你闷。
也不知闷娃笨还是笨娃闷。

闷娃和笨娃

**一个人**

这边一个人,挑了一挑瓶。
那边一个人,担了一挑盆。
瓶碰烂了盆,盆碰烂了瓶。
卖瓶买盆来赔盆,卖盆买瓶来赔瓶。

瓶不能赔盆,盆不能赔瓶。

## 根连根

山上青松根连根,各族人民心连心,
根连根,心连心,建设祖国一股劲。

3. in 发音要领

先发 i,舌尖下垂抵下门齿背,发完 i,把舌尖猛然上翘,顶住上牙床,同时软腭下垂,让气流从鼻腔流出去,发鼻音 n,上下齿始终合拢,口形不动,舌头的活动只是舌尖从下向上的一个翻转动作。特别注意舌头不可向后移动。

## 你也勤来我也勤

你也勤来我也勤,生产同心土变金,
工人农民亲兄弟,心心相印团结紧。

你也勤来我也勤

## 分银

隔墙听见人分银,不知道多少人分多少银。
只听见说人人分半斤银余银四两,
人人分四两银余银半斤。

### 4. ün 发音要领

先发 ü,舌尖动作如 in,只是唇形变化不同,ün 是由 ü 收敛到 -n 时展放,in 是一直无变化。

## 通州和运河

东运河,西运河,
东西运河运东西。
南通州,北通州,
南北通州通南北。

通州和运河

## 白云与羊群

蓝天上是片片白云,草原上是银色的羊群。
近处看,这是羊群,那是白云;
远处看,分不清哪是白云,哪是羊群。

### 5. ian 发音要领

先发 i,音很短暂;然后过渡到发 an,但 a 音素的发音比单念 an 时舌位略高,开口度略小。

## 田建贤回家

田建贤前天从前线回到家乡田家店,

田建贤回家

只见家乡变化万千,繁荣景象呈现在眼前,
连绵不断的青山,一望无际的棉田,
新房连成一片,高压电线通向天边。

## 大姐编辫

大姐编辫,两个人编,
二姐编那半边,三姐编这半边,
三姐编这半边,二姐编那半边。

大姐编辫

## 掀我门帘

你会掀我的蓝布棉门帘,
来掀我的蓝布棉门帘;
你要不会掀我的蓝布棉门帘,
别瞎掀掀坏了我的蓝布棉门帘。

## 扁斑鸠

西场里晒一席扁鼻子扁眼扁扁豆,
东边飞来一群扁鼻子扁眼扁斑鸠,
要吃这一席扁鼻子扁眼扁扁豆,
我拾起一块扁鼻子扁眼扁砖头,
吓跑那群扁鼻子扁眼扁斑鸠。

## 白布裙

一条布裙,
左边半边,右边半边。
左边半边包不住右边半边,
右边半边包不住左边半边。
左边半边,右边半边,
边半,半边。

## 水连天

天连水,水连天,水天一色望无边,
蓝蓝的天似绿水,绿绿的水如蓝天。
到底是天连水,还是水连天。

## 扁娃拔扁豆

扁扁娃背个扁扁背篓,上扁扁山拔扁豆,
拔了一扁背篓扁豆,扁扁娃背不起一扁背篓扁豆。
背了半扁背篓扁豆。

## 半辫蒜瓣

半辫蒜瓣掰半篮蒜瓣。

## 6. uan 发音要领

在 an 前增加一段由 u 舌位开始的发音动程,动程幅度大,曲折角度不大。

## 谁也不服管

苏州玄妙观,东西两判官,
东判官姓潘,西判官姓管,
管判官要管潘判官,潘判官要管管判官,
闹得谁也不服管。

谁也不服管

## 弯弯丘斑斑鸠

弯前弯后弯弯丘,
弯丘弯角里躲着个斑斑鸠。
有个弯背的弯老头儿,
在弯丘弯角里弯腰捡了个弯砖头,
弯老头儿弯里投砖头,
去打弯丘弯角里的那个斑斑鸠。

弯弯丘斑斑鸠

## 罐装蒜

蒜装罐,蒜罐装蒜,
蒜装蒜罐。

蒜罐装蒜蒜罐满,蒜装蒜罐满罐蒜。

## 断短扁担

门角里放着一大垛断短扁担。

## 河里有只船

河里有只船,船上挂白帆,
风吹帆张船向前,无风帆落停下船。

## 算卦的和挂蒜的

街上有个算卦的,还有一个挂蒜的,
算卦的算卦,挂蒜的卖蒜,
算卦的叫挂蒜的算卦,挂蒜的叫算卦的买蒜。
算卦的不买挂蒜的蒜,挂蒜的也不算算卦的卦。

### 7. uen 发音要领

在 en 前增加一段由 u 舌位开始的发音动程。发音时,舌抬高接近软腭,u 发得较短,紧接着舌尖前伸,抵上齿龈,软腭下降,气流从鼻腔流出,发出 uen。

## 磙和棍

磙下压个棍,棍上压个磙,

磙和棍

碌压棍滚,棍滚碌滚。

## 捆葱绳

昆昆捆葱绳,葱绳捆得松。
绳松葱捆松,捆松捆漏葱。
昆昆拾葱捆葱绳,捆紧葱绳不掉葱。

捆葱绳

## 闷棍

门背后有根闷棍,
开门别碰闷棍。

## 炖冻冬瓜

冬瓜冻,冻冬瓜,
炖冻冬瓜是炖冻冬瓜,
不炖冻冬瓜不是炖冻冬瓜。
炖冻冬瓜吃炖冻冬瓜,
不炖冻冬瓜,不吃炖冻冬瓜。

### 8. üan 发音要领

先发 ü,音很短暂;然后过渡到发 an,但 a 的发音比单念 an 时舌位略高,开口度略小。

## 男演员、女演员

男演员、女演员,
同台演戏说方言。
男演员说吴方言,女演员说闽南言。
男演员演远东劲旅飞行员,
女演员演鲁迅著作研究员。
研究员、飞行员,
吴方言、闽南言,
你说男女演员演得全不全。

男演员、女演员

## 全大川卖砖

全大川搬砖装上船,运砖专卖砖。
搬砖上船运砖卖砖,全靠全大川。

全大川卖砖

## 谁眼圆

山前有个阎圆眼,山后有个阎眼圆,
二人山前来比眼,不知是阎圆眼的眼圆,
还是阎眼圆的眼圆。

## 山岩出山泉

山岩出山泉,山泉源山岩,

山岩抱山泉，山岩依山泉。
山泉冲山岩。

## (二)后鼻音韵母的发音特点

普通话由后鼻音 ng 收尾的韵母有 ang、eng、ong、iang、ing、iong、uang、ueng。这些韵母的发音都要从元音过渡到鼻辅音 ng。它们发音的特点是：韵腹元音的舌位一般偏后；发音时舌尖始终下垂，最后舌根紧触软腭，让气流全部从鼻腔送出。

1. ang、iang、uang 发音要领

如果先发一个舌位靠后一点的 a，紧跟着舌头往后缩，舌根抵向软腭，同时软腭下垂，让气流从鼻腔流出，这样发出来的音就是 ang，口形由大开到微合。

如果 ang 前再增加一段由 i 舌位开始的发音动程，就变成 iang 了。

如果 ang 前再增加一段由 u 舌位开始的发音动程，就变成 uang 了。

**短棒和长棒**

短棒圆，长棒扁。
长棒没短棒圆，短棒没长棒扁。
短棒比长棒圆，长棒比短棒扁。

短棒和长棒

## 同乡不同行

辛厂长,申厂长,同乡不同行,
辛厂长声声讲生产,
申厂长常常闹思想。
辛厂长一心只想革新厂,
申厂长满口只讲加薪饷。

同乡不同行

## 画像

想画像,就画像,画像不像不画像。
不画像,想画像,画像又嫌画不像。

## 床和船

床身长,船身长,
床身船身不一样长。

## 搭木房

红木方,黄木方,红黄木方搭木房。
红木方搭红木房,黄木方搭黄木房,
红黄木方一起搭,搭的木房红混黄。

## 困难像弹簧

困难像弹簧,看你强不强,
你强它就弱,你弱它就强。

## 红蜂黄蜂

红蜂红,黄蜂黄,红蜂黄蜂打起仗,
红蜂强占黄蜂房,黄蜂强占红蜂房。
红蜂攻,黄蜂防,黄蜂攻,红蜂防,
红蜂黄蜂双方亡。

## 老将、小将、女将

老将、小将、女将,云聚一堂商量,
谁能把困难闯? 你争、我夺、他抢。

## 糖和浆

一筐糖,一缸浆。
把糖倒进缸,缸内浆拌糖,
把浆倒进筐,筐内糖拌浆。

## 红黄柿子

柿子红,柿子黄,柿子柿子甜似糖。
红黄柿子树上长,摘下柿子大家尝。

## 长方歌

长方的砖,长方的墙,
长方的窗,长方的床。
长方的楼房亮堂堂,请你帮忙想一想,
除了砖、墙、窗、床和楼房,还有什么是长方。

## 黄花黄

黄花花黄黄花黄,花黄黄花朵朵黄,
朵朵黄花黄又香,黄花花香向太阳。

## 大和尚、小和尚

大和尚常常上哪厢?大和尚常常过长江。
过长江为哪厢?过长江看小和尚。
大和尚原是襄阳姓张,小和尚原是商乡姓蒋,
大和尚和小和尚常常互相商量,大和尚讲小和尚强,
小和尚讲大和尚长。

小和尚煎姜汤让大和尚尝,大和尚奖赏小和尚檀香箱。

## 王庄和匡庄

王庄卖筐,匡庄卖网;
王庄卖筐不卖网,匡庄卖网不卖筐;
你要买筐别去匡庄去王庄,
你要买网别去王庄去匡庄。

## 杨家羊和蒋家墙

杨家养了一只羊,蒋家修了一垛墙。
杨家的羊撞倒了蒋家的墙,蒋家的墙压倒了杨家的羊。
杨家要蒋家赔杨家的羊,蒋家要杨家赔蒋家的墙。

## 枪和糠

墙上一个窗,窗上一支枪,
窗下一箩糠。
枪落进了糠,糠埋住了枪。
窗要糠让枪,糠要枪上墙,
墙要枪上窗。
互相不退让,糠赶不走枪,
枪也上不了窗和墙。

## 2. eng、ueng 发音要领

发 eng 音时,先发 e,但舌位比单念时偏前、偏低,居于半高、半低之间,然后舌根上升,软腭下降,封闭口腔通路,发前鼻音 ng。由始至终,口形微开。如果 eng 前再增加一段由 u 舌位开始的发音动程,就发成 ueng 音了。

## 放风筝

刮着大风放风筝,风吹风筝挣断绳。
风筝断绳风筝松,断绳风筝随风行。
风不停,筝不停,风停风筝自不行。

放风筝

## 碰碰车

碰碰车,车碰碰,坐着朋朋和平平;
平平开车碰朋朋,朋朋开车碰平平。
不知是朋朋碰平平,还是平平碰朋朋。

碰碰车

## 峰山飞蜂

峰山蜂飞,蜂飞山峰,
峰山峰上蜂飞蜂舞。
峰山飞蜂,蜂飞峰山,
蜂山峰上蜂舞蜂飞。

## 花生

新生农业社,生产落花生。

花生生花生,花生花花生。

生了数百升,升升盛花生。

声声话花生,人人夸花生。

## 藤与绳

丝瓜藤,绕丝绳,丝绳绕上丝瓜藤。

藤长绳长绳藤绕,绳长藤伸绳绕藤。

## 星和灯

天上星,亮晶晶,地上灯,耀眼明。

天上星连接地上灯,地上灯连接天上星。

是星是灯分不清。

## 红蜂和青虫

瓶顶停红蜂,瓶底停青虫;

青虫攻红蜂,红蜂叮青虫;

虫攻红蜂蜂不动,蜂叮青虫虫不疼。

## 蜂和蜜

蜜蜂酿蜂蜜,蜂蜜养蜜蜂。

蜜养蜜蜂蜂酿蜜,蜂酿蜂蜜蜜养蜂。

## 老僧念经

一个老僧一本经,一句一行念得清。

不是老僧爱念经,不会念经当不了僧。

### 3. ong、iong 发音要领

发 ong 音时,先发 o,但舌位比单念时稍高,嘴唇也收敛得较拢些,接近于 u;然后舌根上升,软腭下垂,构成阻碍,过渡到发鼻音 ng。口形外面先后的变化不明显,口形拢圆,先大些,后小些,主要是舌根、软腭的动作。

发 iong 音就是在 ong 前再增加一段由 i 开始的发音动程,就可以了。

## 铜桶碰铜筒

铜桶碰铜筒,铜筒铜桶碰。

桶碰铜筒铜筒响,筒碰铜桶响铜桶。

铜桶碰铜筒

## 浓雾

浓浓雾,雾浓浓,浓浓灰雾飞入松。
灰雾入松松飞雾,松雾雾松分不清。

浓雾

## 种冬瓜

东门童家,门东董家,
童董两家,同种冬瓜,
童家知道董家冬瓜大,
来到董家学种冬瓜。
门东董家懂种冬瓜,
来教东门童家种冬瓜,
童家、董家都懂得种冬瓜,
童家、董家两家的冬瓜比桶大。

## 松子和童子

松枝结松子,童子下棋子,
松枝落松子,松子砸棋子。
童子掷松子,掷了松子下棋子,
下着棋子掷松子。

## 风、松、钟、弓

走如风,站如松,坐如钟,睡如弓。

风、松、钟、弓,弓、钟、松、风,连念七遍口齿清。

## 套桶

大桶套小桶,小桶套大桶。

大桶套小桶桶粗桶细不同桶,

小桶套大桶桶细桶粗桶不同。

## 聋童

朦胧彩霓虹,玲珑小聋童。

聋童采柠檬,聋童不懵懂。

## 一捆葱

东边来个小朋友叫小松,手里拿着一捆葱。

西边来个小朋友叫小丛,手里拿着小闹钟。

小松手里葱捆提松,掉在地上一些葱。

小丛忙放闹钟去拾葱,帮助小松捆紧葱。

小松夸小丛像雷锋,小丛说小松爱劳动。

4. ing 发音要领

要发好 ing 音,先发 i,然后舌头后退,不要降低。舌根上升,顶住软腭,口腔通路封闭,过渡到发鼻音 ng。

## 天上一天星

天上一天星,屋上一只鹰,
楼上一盏灯,桌上一本经,
地上一根针。
拾起地上的针,
收起桌上的经,吹灭楼上的灯,
赶走屋上的鹰,数数天上的星。

天上一天星

## 蜻蜓青萍分不清

蜻蜓青,青浮萍,
青萍上面停蜻蜓,蜻蜓青萍分不清。
别把蜻蜓当青萍,别把青萍当蜻蜓。

蜻蜓青萍分不清

## 指示灯

十字路口指示灯,红黄绿色分得清。
绿灯行,红灯停。红灯停,绿灯行。

## 青虫与青草

草丛青,青草丛,青草丛里草青虫。
青虫钻进青草丛,青虫青草分不清。

第三部分 声调篇

声调是否准确是判断播音员、主持人语言是否标准的一个重要方面，在语言传播交流中播音员、主持人要避免因声调不准而使听众、观众的理解产生歧义。作为播音员、主持人必须加强四声的正确发声意识，使声调符合普通话语言规范，字义鲜明。

结合绕口令进行四声练习（尤其是夸张的上声）是体会气息运动和声带配合的好办法。

【理论要点】

普通话音节的变化除声母、韵母两部分外，还有声调。汉语，包括作为汉民族共同语的普通话以及汉语的诸方言，是有声调的语言。声调是指音节在读音上的高、低、升、降。

声调的音高，即音节的高、低、升、降，主要是由发音时声带的松紧状态决定的。发音时声带较紧，在一定时间内颤动的次数就较多，声音也就较高；声带放松，颤动慢，声音就低。随着声带松紧的变化，就产生出声音高、低、升、降的变化。所以，要掌握普通话不同声调的发音，就得按照普通话各种声调不同的高、低、升、降情况，在音节的发音过程中注意控制和调节声带的松紧。

在汉语里,声调跟声母、韵母一样,也具有区别意义的作用。比如:巴(bā)、拔(bá)、把(bǎ)、爸(bà),这四个音节,它们的声母、韵母都是相同的,声母都是b,韵母都是a,只是声调不同,就造成了字义的不同。也就是说,是声调把它们的意义区别开来。再比如,买(mǎi)和卖(mài)两个音节,声母、韵母相同,只是音节的升降形式不一样,买(mǎi)是先降后升,卖(mài)是一降到底,这就造成了截然不同的字义,从这个意义上讲,声调是一个音节不可缺少的组成部分,它直接关系到字义的准确、语意的表达。

为了更具体地说明声音高、低、升、降变化的实际情况,通常用"五度制标记法"加以描写:用一根竖线作为标尺,四等分,分为五度,标示声音的高低。从下往上,分别表示声音的低、半低、中、半高、高。在竖线的一侧另用线条表示不同调值的具体型式。普通话的四个不同调值即如右图:高平调是(55),高升调是(35),低降升调是(214),全降调是(51)。

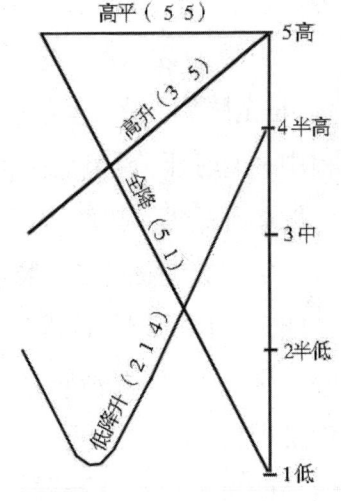

**【四声读法】**

普通话的阴平声音高而平,从开始到结束,音高基本上是平的,没有升降变化,是一个高高的、平平的调子,它的声调的调值就是高平调,起止点都在 5 度以上,调值标为 55。阴平的音势平而柔。

阳平的读法是由"中"升到"高"的。念起来一开始的声音就不低,愈往后声音愈高,是一个往上升的调子,它的声调的调值是高升调,即从 3 度升到 5 度,调值标为 35,阳平的音势往上升。

上声的读法是先由"半低"降到"低"再升到"半高",是降升调。即,开始时声音较低,往后声音降得更低,最后声音上扬,升到比较高的高度,是一个降了又升的调子,即由 2 度降到 1 度再升到 4 度,调值标为 214,音势厉而强。

去声的读法是由高音降到低音,中间没有升降变化,是全降调。即,念起来一开始声音很高,但在发音过程中一直往下降,最后降得很低,是一个下降的调子,从 5 度降到 1 度,调值标为 51,音势柔而远。

学习普通话声调,最重要的是要反复练习,把普通话四个声调的调值读准确。普通话四声虽然平、升、曲、降区别显著,但要清晰地念出四声的调型区别,并控制声带松紧,掌握高、低、升、降的相对音高,却也不是一件容易的事。

有个描写普通话四声调型的口诀,可以帮助我们练习发音:

阴平高高莫低昂,阳平从中往上扬。

上声先降尾再起,去声从高向下降。

【练习提示】

声调绕口令练习的主要目的是练耳朵的辨音技能,练声带松紧变化的控制,体会声调高低和自己声带松紧的关系,达到能有意识地调节自己的声带。

练习应在气息、声带、共鸣有一定控制的情况下进行。气息和声带控制不好,发上声时容易出现下行下不去、上行上不来的毛病,采取的办法是下行时要逐渐放松,上行时应由松渐紧;发去声字尤其作重音时声音易劈,因此下行时虽有放松过程,但得"托"着点儿。

练习时一定要结合气息,体会气息运动,找准声音的支点,出字要有力,咬住字头,拉开字腹,收住字尾,达到四声准确,声音连贯。

练习时还得把握好节奏。先放声慢读,注意要一个字一个字地念,不可太快。在读准单独的四个声调的基础上,再结合绕口令练习连续变调,注意它们的高、低、升、降变化。

# 声调练习

### 蹬凳子

蹬着凳子钉钉子,
钉子钉凳子。

蹬凳子

### 伯伯买饽饽

张伯伯、李伯伯,饽饽铺里买饽饽。
张伯伯买了个饽饽大,李伯伯买了个大饽饽。
回到家里给婆婆,也不知是张伯伯买的饽饽大,
还是李伯伯买了个大饽饽。

伯伯买饽饽

### 铜钉钉铜板

铜钉和铜板,铜钉钉铜板,
铜板钉铜钉,钉铜钉,铜钉钉。

铜钉钉铜板

## 晃黄幌子

方幌子,黄幌子,
方幌子是黄幌子,黄幌子是方幌子。
晃动方幌子,是晃动黄幌子,
晃动黄幌子,是晃动方幌子。

晃黄幌子

## 铁钉钉铁板

铁钉钉铁板,铁板钉铁钉,
钉钉板,板钉钉。

## 磨坊磨墨

磨坊磨墨,墨碎磨坊一磨黑,
梅香添煤,煤爆梅香两眉煤。

## 大猫毛短,小猫毛长

大猫毛短,小猫毛长,
大猫毛比小猫毛短,
小猫毛比大猫毛长。

## 梨和栗

老罗拉了一车梨,老李拉了一车栗。

老罗人称大力罗,老李人称李大力。

老罗拉梨做梨酒,老李拉栗去换梨。

## 洗席

一领细席,席上有泥。

溪边去洗,溪洗细席。

## 珍珍绣枕

珍珍绣锦枕,绣枕用金针。

双蝶枕上争,珍珍的锦枕送婶婶。

## 刘兰柳和柳兰流

蓝衣布履刘兰柳,布履蓝衣柳兰流,

兰柳拉犁来犁地,兰流播种来拉耧。

## 一篓油

一篓油,油不漏,

两篓油,油漏篓,
三篓油,油不漏,
四篓油,油漏篓。

## 七支长枪

手拿七支长枪上城墙,
上了城墙手耍七支长枪。
见枪不见墙,见墙扔了枪,
眼花缭乱,武艺高强。

## 松鼠爬松树

松树住松鼠,松鼠爬松树。
鼠爬松树树住鼠,鼠住松树鼠爬树。

## 犁犁地

一台拖拉机,拉着一张犁,
拖拉机拉犁犁翻地,翻地翻得深又细。
拖拉机出的力,犁翻的地,
你说是犁犁的地,还是拖拉机翻的地。

## 巧巧瞧高桥

巧巧瞧高桥,高桥桥头翘。

巧巧翘首瞧,翘桥桥姿俏。

## 梁木匠和梁瓦匠

梁木匠,梁瓦匠,

俩梁有事齐商量,

梁木匠天亮晾衣裳,梁瓦匠天亮量高粱。

梁木匠晾衣裳受了凉,梁瓦匠量高粱少了粮。

梁木匠思量梁瓦匠少了粮,梁瓦匠料想梁木匠受了凉。

## 漂破瓢

破瓢波上漂,波上漂破瓢。

波漂破瓢破瓢漂,瓢破波上漂破瓢。

## 小娇娇吃饺饺

小娇娇吃饺饺,娇娇老吃小饺饺。

## 白帽和白毛

白猫手里有一顶白帽,白兔手中有一把白毛,

白猫想拿手里的白帽,去换白兔手中的白毛,

白兔不愿拿手中的白毛,去换白猫手里的白帽。

## 细席

一席地里编细席,编得细席细又密。
编好细席戏细席,细席脏了洗细席。

## 妈妈骑马

妈妈骑马,马慢妈妈骂马;
妞妞轰牛,牛拗妞妞拧牛;
舅舅捉鸠,鸠飞舅舅揪鸠;
姥姥喝酪,酪落姥姥捞酪。

## 踏塔

凡人踏塔,巨人踏塔。
凡人踏塔塔响,巨人踏塔塔塌。

## 老师和老史

老师老是叫老史去捞面,老史老是没有去捞面,
老史老是骗老师,老师老是说老史不老实。

## 四姨买胰子

四姨去买胰子,七姨去洗衣服。

买胰子的四姨洗衣服,洗衣服的七姨买胰子。

四姨和七姨,一齐买胰子,一起洗衣服。

(注:胰子——肥皂)

## 胡家村里十五户

胡家村里十五户,十五户组织了互助组。

互助组长是胡老五,胡老五领导互助不含糊。

十五户户户来互助,胡户帮罗户,罗户帮马户,估一估,粮食增产一成五,户户都变成余粮户。

罗户、马户、胡老五,组织合作迈大步。

## 妞妞赶牛

牛牛要吃河边柳,妞妞赶牛牛不走。

妞妞护柳扭牛头,牛牛扭头瞅妞妞。

妞妞扭牛牛更拗,牛牛要顶小妞妞。

妞妞捡起小石头,吓得牛牛扭头走。

## 补桶

桐木桶,桶有洞,补洞用桐不用铜。

用铜补洞补不住,用桐补桶桶无洞。

## 娃挖瓦

娃挖瓦，娃挖蛙，
娃挖瓦挖蛙，挖蛙挖出瓦。
娃挖蛙，娃挖瓦，
娃挖蛙挖瓦，挖瓦挖出蛙。

## 任命不是人名

任命是任命，人名是人名，
任命不是人命，人名不是任名，
人名不能任命，人是人，命是命，
名是名，命是命，人、任、名、命要分清。

## 篓漏油

篓漏油，油篓漏。
漏油篓，漏篓油。
油篓漏油补油篓，补住漏篓不漏油。
油篓不漏油不漏，不漏油篓不漏油。

## 学好声韵辨四声

学好声韵辨四声，阴阳上去要分明；
部位方法须找准，开齐合撮属口形。

双唇班报必百波,舌尖当地斗点丁;
舌根高狗坑耕故,舌面积结教坚精;
翘舌主争真知照,平舌资则早在增;
擦音发翔飞分夏,送气查柴产彻称;
合口呼午枯胡古,开口河坡歌安争;
撮口虚学寻徐剧,齐齿衣优摇业英;
前鼻恩因烟弯稳,后鼻昂迎中拥生。
咬紧字头归字尾,阴阳上去记变声;
循序渐进坚持练,不难达到纯和清。

# 第四部分 方音辨正篇

所谓方言,就是局部地区人们使用的语言,如汉语的粤方言、吴方言等。方言是全民族语言的一个分支,是从全民族语言中分化而来,在某一地区长期的历史发展中逐步形成的,带有鲜明的地方特色。

各方言区人要学好普通话,不仅要掌握普通话每个声母、韵母、声调的正确发音,同时还要了解哪些读音是方音,哪些读音是普通话,例如,把"男女"读成 nán nǚ 还是 lán lǚ;"木柴"应读成 mù chái 还是 mù cái,等等,这就存在一个方音辨正的问题。所以,在掌握了普通话的声母、韵母、声调的发音以后,辨正方音便成了极为重要的任务。

**【理论要点】**

普通话是一种规范化了的汉民族共同语,是以北京语音为标准音的,它与各方言的差别主要表现在语音上。辨别方言语音与普通话标准音之间的差异,改方音为标准音,叫作方音辨正。方音辨正包括声母辨正、韵母辨正和声调辨正。

就声母辨正方面说,主要指的是,记住字音中的普通话声母,懂得它的读法,防止发音时用方言声母替换标准音声母。

进行韵母辨正练习时,必须同时把方音的韵母分类弄清楚,才能便于比较方音跟普通话标准音韵母的异同,有系统地找出它们之间的语音对应规律。

【辨正方法】

辨正方音,最有效的办法是掌握方音和普通话的对应规律。要记住方言的哪一类音,在普通话中发哪一类音,比如说,湖北方言中念 in 韵母的字,在普通话中有的要念成 in,如宾、斤、心等,有的要念成 ing,如兵、京、星等。

这条规律可以用这样的公式表示:

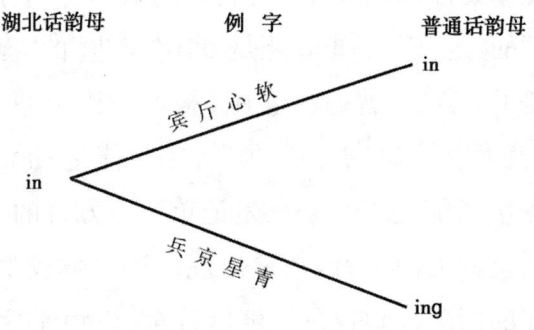

也就是说,要找出普通话与自己方言的对应规律。在北方方言中,尽管声母、韵母和声调存在不少差异,但找出它们与普通话的对应规律还是较容易的,有些地方舌尖前音与舌尖后音声母混乱不分;有些地方 i 和 ü 不

分；还有的地方前鼻韵母和后鼻韵母分不清。知晓了方言与普通话的不同，就可以有效地纠正方音，力求使自己的语言准确、规范。

正音时，注意方言中有的而普通话中没有的音要避免，方言中没有的而普通话中有音的要学会，方言中混的而普通话中分的音要分清。

具体地讲，突破辨正方音的重点和难点，一是要利用形声字偏旁类推。形声字有两个部分：一部分表示意义的范畴，叫意符；一部分表示读音，叫声符。比如，"青"字是 ing 韵，用"青"做声符的字，如清、情、晴、请、静、靖等，都是 ing 韵；"林"字是 in 韵，用"林"字做声符的字，如淋、霖、琳等，都是 in 韵。二是利用普通话声韵调配合规律类推，例如，有些方言区前后鼻音不分，拿不准"坚定"的"定"该念 dìng 还是 dìn，"挺进"的"挺"该念 tǐng 还是 tǐn，其实，普通话里 d、t 根本不和 in 拼。记住这一条，就可以推知"丁、叮、顶"等字只能是 ding，"厅、听、廷"等字只能是 ting。三是记单边。方言的一类音在普通话里分为两类音，经常出现一边字数较少，一边字数较多的情况，例如，在 n 声母后面，有 in 韵字，也有 ing 韵字，但是念 in 韵的只有一个"您"（nín）字，把它记住了，就可以大胆地把其余的"宁、咛、拧、泞"都读成 ing 韵了。

总之，方音与普通话语音有相同之处，也有不同之处。实践证明:普通话里有方音里也有的音或词组,自己就能够听清、发准,也较易掌握;凡是普通话里有的音或词组,方音里没有,自己就辨不清,也不容易发准,所以需要我们花大力气的就是发准普通话里有而方音里没有的音。当然,要改变这么多年养成的语音习惯,也并非易事,这就需要肯琢磨,多训练。坚持多练多说,积以时日,你说出来的每个字的声母、韵母、声调就会逐渐符合普通话语音的规范,你的讲话自然就接近标准语音了。怕麻烦,怕艰苦,不愿意下功夫是学不到手的。

**【练习提示】**

方音辨正练习这部分的绕口令,主要编选了大家在语音练习中经常遇到的而往往又极易混淆的字音,有意把它们编合在一起,力求在对比辨读中能够准确掌握它们的发音。

本部分练习分声母辨正练习,对比辨读的有/f、h/、/n、l/、/z-zh-j/、/c-ch-q/、/s-sh-x/;韵母辨读练习,对比辨读的有/n、ng/、/i、ü/、/o、e/、/üe、üan/、/o、uo/和/ou、u/,以及声、韵、调综合对比辨读练习。

我们还把易混淆的这些韵母的"辨音字表"附录其后,供大家在对比辨读中参考。

# 声母辨正练习

我国各地的方言在声母的发音上和普通话存在很大的差异。声母辨正就是找出方音声母和普通话标准音声母的对应规律，使方言区的人在学习普通话时，知道自己应该特别注意改正的是哪些声母和字音。

比如，在上海、成都、西安等地，方言中没有翘舌音 zh、ch、sh，这些音都被全部或部分地读成了平舌音 z、c、s，如把"支援"读成了"资源"，"诗人"读作了"私人"，找出这种差异后，一是要根据声母的发音部位和发音方法，学会 zh、ch、sh 的正确发音；二是要弄清普通话中哪些字的声母是 zh、ch、sh。

再如，南京、武汉、重庆等地，普通话以 n 和 l 作声母的字易被混读，常常把"女同志"说成"吕同志"，把"男制服"说成"蓝制服"，要纠正这种现象，首先要发准 n、l 这两个音，其次要分清 n 声母和 l 声母的字。

熟读以下绕口令，可以帮助分辨 n 和 l；zh、ch、sh 和 z、c、s 及 f 和 h 的读音。

## (一) f、h 对比辨读要领

有些方言 f、h 混淆不清,有的方言区只有 f 音没 h 音,有的则相反。这两个音发音方法相同,都是清擦音。发准 f、h 音,关键在于正确控制发音部位,f 的受阻部位是下唇与上门齿,发音时把上齿轻轻放在下唇上,同时软腭上升,堵住鼻腔通道,气流从唇齿之间摩擦而出。h 是舌根擦音,受阻部位是舌根与软腭,发音时舌根抬起接近软腭,中间留一道很窄的缝,让气流从窄缝里挤出来。

辨读 f 和 h 在绕口令练习中是一个需要特别注意的问题。

## 灰鸡和飞机

抱着灰鸡上飞机,
飞机起飞,灰鸡要飞。

灰鸡和飞机

## 黄幌子和方幌子

老方扛着个黄幌子,老黄扛着个方幌子。
老方要拿老黄的方幌子,老黄要拿老方的黄幌子。
老黄老方不相让,
方幌子碰破了黄幌子,黄幌子碰破了方幌子。

黄幌子和方幌子

## 化肥会挥发

黑化肥发灰,灰化肥发黑;

黑化肥挥发会发灰,灰化肥挥发会发黑;

黑化肥挥发发灰会花飞,灰化肥挥发发黑会飞花。

## 费的不会

手艺学不会,材料用得费,

正是会的不费,费的不会。

## 理发和理化

我们要学理化,他们要学理发。

理化不是理发,理发也不是理化。

理化理发要分清,学会理化却不会理发,

学会理发却不会理化。

## 粉红活佛龛

会糊我的粉红活佛龛,再糊我的粉红活佛龛,

不会糊我的粉红活佛龛,不要胡糊、乱糊,

糊坏了我的粉红活佛龛。

## 红混纺和黄混纺

杭州商店卖混纺,大娘心里着了慌。

红混纺,黄混纺,

粉红混纺,黄红混纺,两眼昏花,呼喊儿郎,

快快帮我挑混纺。

## 傅虎虎和胡福福

前村后刘沟有个傅虎虎,

后村前刘沟有个胡福福,

傅虎虎会种白萝卜不会种红萝卜,

胡福福会种红萝卜不会种白萝卜。

傅虎虎帮胡福福种白萝卜,

胡福福帮傅虎虎种红萝卜。

附:f 与 h 辨音字表

| 韵母 | f | 韵母 | h |
|---|---|---|---|
| a | fā 发<br>fá 乏罚伐筏阀<br>fǎ 法砝<br>fà 发(理发) | ua | huā 花哗<br>huá 华铧滑划猾<br><br>huà 化画话划桦 |
| o | fó 佛 | uo | huō 豁秴<br>huó 活<br>huǒ 火伙<br>huò 货祸或惑获霍 |

续表

| 韵母 | | f | 韵母 | | h |
|---|---|---|---|---|---|
| u | fū<br>fú<br>fǔ<br>fù | 夫麸孵敷<br>芙俘浮符拂服伏袱幅福辐蝠<br>甫辅府俯腑斧釜腐抚<br>付咐赴副富傅妇附负父腹赋复缚 | u | hū<br>hú<br>hǔ<br>hù | 呼<br>胡湖葫蝴弧狐壶斛<br>虎唬<br>户护沪互 |
| ai | | | uai | huái<br>huài | 怀槐淮徊<br>坏 |
| ei | fēi<br>féi<br>fěi<br>fèi | 飞妃非菲啡<br>肥<br>匪诽<br>吠沸费废肺痱 | ui | huī<br>huí<br>huǐ<br>huì | 灰恢挥辉徽<br>回茴蛔<br>悔毁<br>贿秽讳汇会烩慧惠晦绘 |
| an | fān<br>fán<br>fǎn<br>fàn | 番翻帆<br>凡烦樊繁矾<br>反返<br>贩饭犯范泛 | uan | huān<br>huán<br>huǎn<br>huàn | 欢獾<br>还环<br>缓<br>唤换焕幻患 |
| en | fēn<br>fén<br>fěn<br>fèn | 分吩芬纷<br>坟焚<br>粉<br>奋粪份愤分 | un | hūn<br>hún<br>hùn | 昏婚荤<br>浑魂<br>混 |
| ang | fāng<br>fáng<br>fǎng<br>fàng | 方芳<br>防妨房<br>仿纺访<br>放 | uang | huāng<br>huáng<br>huǎng<br>huàng | 荒慌<br>皇凰蝗惶黄磺簧<br>恍幌谎晃<br>晃 |
| eng | fēng<br>féng<br>fěng<br>fèng | 风枫疯丰峰锋蜂封<br>冯逢缝<br>讽<br>奉凤缝(裂缝) | ong | hōng<br>hóng<br>hǒng<br>hòng | 烘轰<br>红洪虹鸿宏<br>哄<br>哄(起哄) |

## (二) n、l 对比辨读要领

有些方言区的人发 l 音和 n 音易混淆,以致"脑子"读成"老子",吃的"梨子"读成穿的"呢子",等等。所以辨读声母 n 和 l 是绕口令练习中比较困难的任务之一。

读准 n 和 l 这两个音,就要知道这两个音的区别。这两个音发音部位相同,都是舌尖抵住上齿龈形成阻碍。n、l 的不同,主要在于"边音"和"鼻音"的发音方法不同。发 l 音时,软腭上升,鼻腔通路堵塞,自己会感到气流从口腔透出,从舌头两边出来,形成边音;而发 n 音是软腭下垂,鼻腔畅通,气流从鼻腔透出,形成鼻音。n、l 都是浊音,发音时声带颤动。

方言区的人发不好 n 和 l,就是因为不能自觉控制软腭的升降。不妨这样,对着镜子张开嘴,交替发"哼、啊"的声音,可以观察到软腭升降的情况,并可体会到升降时肌肉的不同感觉,这样反复多次,就能做到随意控制软腭的升降。

## 练一练,念一念

练一练,念一念,n、l 要分辨。
l 是舌边音,n 是鼻音要靠前。
你来练,我来念,

练一练,念一念

不怕累,不怕难,
齐努力,攻难关。

## 牛郎恋刘娘

牛郎年年恋刘娘,刘娘连连念牛郎;
牛郎恋刘娘,刘娘念牛郎,
郎恋娘来娘念郎。

## 老农闹老龙

老龙恼怒闹老农,老农恼怒闹老龙,
农怒龙恼农更怒,龙恼农怒龙怕农。

## 新脑筋和老脑筋

新脑筋,老脑筋,
老脑筋可以学成新脑筋,
新脑筋不学习就要变成老脑筋。

## 新郎和新娘

新郎和新娘,柳林里面来乘凉,
新娘问新郎,
你是下湖去挖泥,还是下田去扶犁?

新郎问新娘,
你是柳下把书念,还是下湖去采莲?
新娘新郎商量定,
我采莲,你挖泥;我拉牛,你扶犁,
挖完了泥,采完了莲,扶完了犁,
咱俩再到柳林里面来乘凉。

## 碾牛料

牛拉碾子碾牛料,
碾了牛料留牛料。

## 男教练和女教练

蓝教练是女教练,吕教练是男教练,
蓝教练不是男教练,吕教练不是女教练。

## 老刘和老牛

老刘和老牛,南宁南岭农场去拉粮,
老刘拉了六千六百六十六斤粮,
老牛也拉了六千六百六十六斤粮,
俩人拉了两个六千六百六十六斤粮。

老刘和老牛

## 拉哪两辆

牌楼两边有四辆四轮大马车，
你爱拉哪两辆就拉哪两辆。

## 牛顶柳

河边有棵柳，柳下一头牛，
牛要去顶柳，柳枝缠住了牛的头。

## 大娘家里上大梁

大娘家里上大梁，梁大娘扛不动。
大郎帮助大娘扛大梁，
大娘不要大郎扛大梁，大郎还要帮大娘扛大梁。
大郎大娘扛大梁，大娘家里上了大梁。

## 梨和泥

龙年农民去卖梨，半路碰上下大雨，
摔了个筋斗砸烂了梨，弄得满脸也是泥。
脸上的泥，是黄泥；地上的梨，是黄梨。
洗掉泥，卖掉梨，回家过龙年，全家欢迎你。

## 男旅客和女旅客

男旅客穿蓝上装,女旅客穿花衣裳,
男旅客挽拎篮子的老大娘,
女旅客扶拿笼子的小儿郎。

### 附:n 与 l 辨音字表

| 韵母 | n | | l | |
|---|---|---|---|---|
| a | nā<br>ná<br>nǎ<br>nà | 那(姓)<br>拿<br>哪<br>那纳呐捺钠 | lā<br>lǎ<br>là | 拉啦垃<br>喇<br>辣刺瘌蜡腊 |
| e | ne | 呢 | lē<br>lè<br>le | 肋<br>乐<br>了 |
| i | ní<br>nǐ<br>nì | 尼泥霓<br>你拟<br>腻匿溺逆 | lí<br>lǐ<br>lì | 离篱璃厘狸黎犁梨蜊<br>礼里理浬鲤李<br>历励俐痢例丽力荔隶立粒笠栗沥 |
| u | nú<br>nǔ<br>nù | 奴<br>努<br>怒 | lú<br>lǔ<br>lù | 卢泸炉芦轳颅<br>卤房鲁橹<br>碌陆路赂鹭露(露水)录鹿辘 |
| ü | nǚ | 女 | lǘ<br>lǚ<br>lǜ | 驴<br>吕侣铝旅屡缕<br>虑滤律率氯绿 |
| ai | nǎi<br>nài | 乃奶<br>奈耐 | lái<br>lài | 来<br>赖癞 |

续表

| 韵母 | n | | l | |
|---|---|---|---|---|
| ei | něi 馁<br>nèi 内 | | lēi 勒<br>léi 雷羸镭<br>lěi 累(累进)垒儡蕾<br>lèi 累(累了)类泪肋 | |
| ao | náo 挠铙<br>nǎo 脑恼<br>nào 闹 | | lāo 捞<br>láo 劳痨牢<br>lǎo 老姥<br>lào 涝烙酪 | |
| ou | | | lōu 搂<br>lóu 楼喽耧<br>lǒu 搂篓<br>lòu 陋漏露(露头) | |
| ia | | | liǎ 俩 | |
| ie | niē 捏<br><br>niè 蹑镊孽镍 | | liě 咧<br>liè 列烈裂劣猎 | |
| iao | niǎo 鸟<br>niào 尿 | | liāo 撩<br>liáo 辽疗僚潦燎聊寥<br>liǎo 了(了然)<br>liào 料 | |
| iu | niū 妞<br>niú 牛<br>niǔ 钮纽<br>niù 拗(又读 ǎo、ào) | | liū 溜(溜冰)<br>liú 刘流琉硫留榴瘤<br>liǔ 柳绺<br>liù 六镏陆溜(大溜) | |
| uo | nuó 挪<br><br>nuò 懦诺糯 | | luō 啰(啰嗦)捋<br>luó 罗萝逻箩锣螺骡<br>luǒ 裸<br>luò 落洛络骆 | |
| üe | nüè 虐疟 | | lüè 略掠 | |

续表

| 韵母 | n | l |
|---|---|---|
| an | nán 难男南喃楠<br>nàn 难(受难) | lán 兰栏篮婪<br>lǎn 懒览揽榄缆<br>làn 烂滥 |
| ang | náng 囊 | láng 狼郎廊榔螂瑯<br>lǎng 朗<br>làng 浪 |
| eng | néng 能 | léng 棱<br>lěng 冷<br>lèng 楞 |
| ong | nóng 农浓脓<br>nòng 弄 | lóng 龙胧聋笼隆窿<br>lǒng 垄拢陇<br>lòng 弄(弄堂) |
| ian | niān 蔫拈<br>nián 年粘鲇<br>niǎn 撵捻碾<br>niàn 廿念 | lián 怜连莲联帘廉镰<br>liǎn 脸敛<br>liàn 炼链练恋殓 |
| in | nín 您 | lín 邻鳞麟林淋琳临<br>lǐn 凛檩<br>lìn 吝蔺赁 |
| iang | niáng 娘<br>niàng 酿 | liáng 良凉梁粮量<br>liǎng 两<br>liàng 亮晾谅辆量(数量) |
| ing | níng 宁(安宁)拧柠咛凝<br>nìng 宁(宁可) | líng 灵龄伶蛉凌陵菱<br>lǐng 岭领<br>lìng 令另 |
| uan | nuǎn 暖 | luán 滦孪<br>luǎn 卵<br>luàn 乱 |
| un | | lūn 抡<br>lún 仑伦沦轮<br>lùn 论 |

至于哪些字读 n 声母,哪些字读 l 声母,那就要下一番辨字的功夫,这种辨字的功夫,除依靠按照声母辨别的字表外,有些可以利用谐声字表帮助记忆。其中 n 声的谐声字有:

奴努怒　乃奶鼐　尼泥呢　脑恼瑙

纽钮妞　挠铙　聂镊蹑　涅捏陧

内纳　诺匿　拈鲇粘　念捻

宁拧狞柠泞　那挪哪　农浓脓侬

### (三) z-zh-j、c-ch-q、s-sh-x 对比辨读要领

在许多方言中,zh、ch、sh 的读音很不稳定,容易与 z、c、s 相混,与 j、q、x 不分。

普通话里,声母 z、zh 和 j,c、ch 和 q,s、sh 和 x 分得很清楚,也有不同的音位,可有些方言(如吴方言、湘方言和湖北大部分地区)没有翘舌音,一般只有平舌音 z、c、s。粤方言甚至把平舌音和翘舌音都发成近似 j、q、x 的音,如:把"知道"zhī dào 说成"鸡道"jī dào,把"词语"cí yǔ 说成"旗语"qí yǔ,"吃饭"chī fàn 说成"欺饭"qī fàn,把"思想"sī xiǎng 说成"西想"xī xiǎng。

要发准 z、zh、j 和 c、ch、q 及 s、sh、x 这三组音,关键在于正确地控制发音部位。

z、c、s 是舌尖前音,发音时舌尖向前平伸,抵住上齿背,形成先塞后擦(时间极短)的塞擦音(如 z、c)或者舌

尖向前平伸,挨近上齿背,使气流从舌尖和上齿背之间摩擦而出的擦音(如 s)。

zh、ch、sh 是舌尖后音,发音时舌尖翘起抵住硬腭前部,形成先塞后擦(时间极短)的塞擦音(如 zh、ch),或者舌尖翘起挨近硬腭前部,形成气流从舌尖和硬腭前部摩擦而出的擦音(如 sh)。

下面的这则绕口令也许更能道出它们的区别。"要想说对四和十,得靠舌头和牙齿,谁说四十是戏习,谁的舌头没用力,谁说四十是事实,谁的舌头没伸直。"也就是说,如果 z 和 zh 比较,有一点须记住,z 是舌头碰牙齿,zh 是舌头别伸直。

j、q、x 是舌面音,发音时舌面隆起,抵住硬腭(舌面同硬腭的接触面比 z、zh 都宽),形成先塞后擦(时间极短)的塞擦音(如 j、q)或者舌面隆起,挨近硬腭,形成气流从舌面和硬腭之间摩擦而出的擦音(如 x)。

发这些音时,软腭上升,堵住鼻腔通路。

1. z-zh-j 对比辨读练习

## 抱子看报纸

报纸是报纸,抱子是抱子,
报纸抱子两件事,抱子不是报纸。
看报纸不是看抱子,只能抱子看报纸。

**抱子看报纸**

## 机票和支票

老李出差买机票,会计室里取支票,
他把支票说成了机票,会计那里没机票。
机票不是支票,支票也不是机票。
用机票不可以买支票,用支票倒可以买机票。

## 革新迷

益渠村有个郗玉吉,
喜利屯有个于智奇,
乡里都称革新迷,
郗玉吉试制成功自动控制滤肥器,
于智奇革新自动调节深浅开沟犁,
滤肥器成功的消息传到喜利屯的于智奇,
开沟犁成功的消息传到益渠村的郗玉吉。
于智奇要学郗玉吉的滤肥器,
郗玉吉要学于智奇的开沟犁。

## 招租

早招租,再招租。
总找周邹郑曾朱。

## 钻砖堆

长虫围着砖堆转,
转完了砖堆钻砖堆。

## 棕兔捉松鼠

一株松树上有一只松鼠,
一株棕树下有一只棕兔,
棕兔想跳上松树捉松鼠,
松鼠想跳过棕树躲棕兔。

棕兔捉松鼠

## 撕字纸

刚往窗上糊字纸,你就隔着窗户撕字纸,
一次撕下横字纸,一次撕下竖字纸,
横竖两次撕了四十四张湿字纸。
是字纸你就撕字纸,
不是字纸你就不要胡乱地撕一地纸。

## 紫丝线织紫狮子

试将四十三支极细极细的紫丝线,
试织四十四支极细极细的紫狮子。

细紫丝线试织细紫狮子,

细紫丝线却织成了死紫狮子,

细紫狮子织不成,

扯断了细紫丝线四十三支。

**附:z 与 zh 辨音字表**

| 韵母 | z | | zh | |
|---|---|---|---|---|
| a | zá | 砸杂 | zhā | 渣扎(扎花)查 |
| | | | zhá | 闸铡扎(挣扎)炸(油炸)轧 |
| | | | zhǎ | 眨砟 |
| | | | zhà | 诈炸(爆炸)榨蚱乍栅 |
| e | zé | 择泽则责 | zhē | 遮蜇 |
| | | | zhé | 哲折辙 |
| | | | zhě | 者 |
| | | | zhè | 蔗这浙 |
| u | zū | 租 | zhū | 朱珠株蛛猪诸 |
| | zú | 族足卒 | zhú | 竹烛逐 |
| | zǔ | 组阻祖 | zhǔ | 主煮嘱 |
| | | | zhù | 注蛀驻贮著铸助住柱祝筑 |
| -i | zī | 姿资咨兹滋辎孳孜 | zhī | 之芝支枝肢知蜘汁脂织只 |
| | zǐ | 子仔籽姊滓紫梓 | zhí | 职值直殖侄 |
| | zì | 字自渍 | zhǐ | 止址趾只旨指纸 |
| | | | zhì | 至致制志痔滞智置稚挚帜治质秩室掷蛭 |
| ai | zāi | 灾栽 | zhāi | 摘斋 |
| | | | zhái | 宅翟 |
| | zǎi | 宰载 | zhǎi | 窄 |
| | zài | 再在载(载重) | zhài | 债寨 |
| ei | zéi | 贼 | | |

续表

| 韵母 | z | zh |
|---|---|---|
| ao | zāo 糟遭<br>záo 凿(凿通了)<br>zǎo 早蚤枣澡<br>zào 造皂燥灶噪 | zhāo 昭招朝<br>zháo 着<br>zhǎo 找爪沼<br>zhào 笊照召赵罩兆 |
| ou | zōu 邹<br>zǒu 走<br>zòu 奏揍 | zhōu 州洲舟周粥<br>zhóu 轴<br>zhǒu 肘帚<br>zhòu 宙咒昼皱骤 |
| ua |  | zhuā 抓<br>zhuǎ 爪(爪子) |
| uai |  | zhuǎi 跩<br>zhuài 拽 |
| uo | zuō 作(作坊)<br>zuó 昨<br>zuǒ 左<br>zuò 坐座做作柞 | zhuō 桌捉拙<br>zhuó 茁酌卓琢浊着灼 |
| ui | zuǐ 嘴<br>zuì 最罪醉 | zhuī 追锥<br>zhuì 缀赘坠缒 |
| an | zān 簪<br>zán 咱<br>zǎn 攒<br>zàn 赞暂 | zhān 毡沾粘<br>zhǎn 盏展斩<br>zhàn 占战站栈绽蘸 |
| en | zěn 怎 | zhēn 珍贞侦真砧针甄斟<br>zhěn 疹诊枕<br>zhèn 振震镇阵 |
| ang | zāng 赃脏(肮脏)<br>zàng 葬藏脏(脏腑) | zhāng 张章彰樟<br>zhǎng 掌长涨(涨落)<br>zhàng 丈仗杖障帐胀涨瘴 |

续表

| 韵母 | z | zh |
|---|---|---|
| eng | zēng 曾增憎<br>zèng 赠 | zhēng 征争挣睁筝正（正月）<br>zhěng 整拯<br>zhèng 正政症证郑 |
| ong | zōng 宗综踪鬃棕<br>zǒng 总<br>zòng 纵粽 | zhōng 中忠盅衷终钟<br>zhǒng 肿种（种子）<br>zhòng 众重种（种植）中（打中） |
| uan | zuān 钻<br>zuǎn 纂<br>zuàn 攥钻（钻石） | zhuān 专砖<br>zhuǎn 转<br>zhuàn 传撰篆转（转磨） |
| un | zūn 尊遵 | zhūn 谆<br>zhǔn 准 |
| uang |  | zhuāng 桩庄妆装<br>zhuàng 壮状撞 |

通过上表，记住下列几条拼合规律，可帮助我们辨正一批字：

（1）ua、uai、uang 只能与卷舌声母拼，不与平舌声母拼，所以抓、拽、庄、双等只能是卷舌声母。

（2）普通话只有 song 没有 shong，所以松、耸、送等字只能是 song。

（3）ze 只有阳平，ce、se 只有去声。记住这一点，碰到能根据声调的对应判定不是阳平的 zé 或 zhé，不是去声的 cè 或 chè，sè 或 shè 的，如遮、车、蛇、舍等，便可马上断定它们都是卷舌声母。

## 2. c-ch-q 对比辨读练习

### 粗出气和出气粗

粗出气种谷,出气粗喂猪。
粗出气种的谷,谷穗长得长又粗。
出气粗喂的猪,身子长得胖乎乎。
出气粗的胖乎乎的大肥猪,
偷吃了粗出气又长又粗的品种谷。
粗出气用锄打出气粗的胖乎乎的大肥猪,
出气粗家胖乎乎的大肥猪再也不敢偷吃粗出气家的又长又粗的品种谷。

粗出气和出气粗

### 蚕和蝉

这是蚕,那是蝉,
蚕常在叶里藏,
蝉藏在树里唱。

### 砌池子

砌池子,砌方池子,
砌长池子,砌长方池子。

砌池子

## 丝缠蚕

桑蚕吐丝丝缠蚕,蚕丝缠蚕蚕吐丝。

## 晒白菜

大柴和小柴,帮助爷爷晒白菜。
大柴晒的大白菜,小柴晒的小白菜。
大柴晒了四十四斤四两大白菜,
小柴晒了三十三斤三两小白菜。
大柴和小柴一共晒了七十七斤七两大大小小的白菜。

## 镇江醋

镇江路,镇江醋,镇江名醋出此处。
此处卖错镇江醋,老崔买醋太疏忽。
匆匆促促买错醋,买了次醋味不足。

## 附:c 与 ch 辨音字表

| 韵母 | c | ch |
|---|---|---|
| a | cā 擦 | chā 叉插嚓喳差(差别)<br>chá 茶查察搽碴苍(玉米苍)<br>chǎ 衩镲<br>chà 岔差(差不多)诧刹 |
| e | cè 册策厕侧测恻 | chē 车<br>chě 扯<br>chè 彻撤坼掣 |
| u | cū 粗<br><br><br>cù 醋促卒簇 | chū 出初<br>chú 除厨锄躇橱刍<br>chǔ 杵褚储楚础处(处罚)<br>chù 畜触矗处 |
| -i | cī 差(参差)呲疵跐<br>cí 祠词瓷慈磁辞糍雌<br>cǐ 此跐<br>cì 次伺刺赐 | chī 吃嗤痴<br>chí 池驰迟持弛<br>chǐ 齿侈耻豉尺<br>chì 翅斥赤炽叱 |
| ai | cāi 猜<br>cái 才材财裁<br>cǎi 采彩睬踩<br>cài 蔡菜 | chāi 差拆钗<br>chái 柴豺 |
| ao | cāo 操糙<br>cáo 曹槽漕嘈<br>cǎo 草 | chāo 抄钞超<br>cháo 朝潮嘲巢晁<br>chǎo 吵炒 |
| ou | <br><br><br>còu 凑 | chōu 抽<br>chóu 仇畴筹踌愁稠绸酬<br>chǒu 丑瞅<br>chòu 臭 |
| uo | cuō 搓撮蹉<br>cuò 挫措错锉 | chuō 戳<br>chuò 辍绰 |
| uai |  | chuāi 揣(揣手)<br>chuǎi 揣(揣测)<br>chuài 踹 |
| ui | cuī 崔催摧<br>cuì 脆悴粹翠瘁 | chuī 吹炊<br>chuí 垂捶锤槌 |

续表

| 韵母 | c | | ch | |
| --- | --- | --- | --- | --- |
| an | cān 餐参<br>cán 蚕残惭<br>cǎn 惨<br>càn 灿 | | chān 掺搀<br>chán 蝉缠谗潺禅蟾馋<br>chǎn 产铲阐谄<br>chàn 颤忏 | |
| en | cēn 参(参差)<br>cén 岑 | | chēn 抻嗔琛<br>chén 臣辰宸晨尘沉忱陈<br>chèn 趁称(相称)衬 | |
| ang | cāng 仓舱苍沧<br>cáng 藏 | | chāng 昌猖娼伥(为虎作伥)<br>cháng 长常嫦尝肠场(打场)<br>chǎng 厂敞场氅<br>chàng 倡唱怅(惆怅)畅 | |
| eng | céng 曾层<br>cèng 蹭 | | chēng 撑称蛏<br>chéng 成诚城丞承程呈惩澄盛(盛水)乘橙(橙黄)<br>chěng 逞骋<br>chèng 秤 | |
| ong | cōng 葱匆聪囱<br>cóng 从丛淙 | | chōng 充冲舂<br>chóng 重崇虫<br>chǒng 宠<br>chōng 冲(冲南) | |
| uan | cuān 蹿撺氽<br>cuàn 窜篡 | | chuān 川穿<br>chuán 船椽传<br>chuǎn 喘<br>chuàn 串 | |
| un | cūn 村<br>cún 存<br>cǔn 忖<br>cùn 寸 | | chūn 春椿<br>chún 纯唇淳醇<br>chǔn 蠢 | |
| uang | | | chuāng 窗疮创(创伤)<br>chuáng 床<br>chuǎng 闯<br>chuàng 创(创举) | |

3. s-sh-x 对比辨读练习

## 莫把电视说"电戏"

开电视,看电视,莫把电视说"电戏"。
若把电视说"电戏",是你不分"视"和"戏"。

莫把电视说"电戏"

## 捞虾

小溪流水哗啦啦,小华手拿簸箕去小溪里捞虾,
一捞捞起一只大河虾和半簸箕烂泥沙。
虾儿跳水响哗哗,小花簸箕里只剩泥沙没有虾。

## 西门施家种丝瓜

西门施家种丝瓜,东门钟家种冬瓜。
人人都说东门钟家的冬瓜,
赛不过西门施家的丝瓜。
东门钟家种的冬瓜该夸,
还是西门施家种的丝瓜该夸。

西门施家种丝瓜

## 桑山

上桑山,砍山桑,

背着山桑下桑山。

## 拾柿子

小石拾柿子,拾到四十四,
拿到秤上试,需要称两次。
头次称三十,斤数整四十,
二次称十四,四斤四两四,
两次称柿子,共是四十四斤四两四。

## 寺和狮

狮子山上狮山寺,山寺门前四狮子。
山寺是禅寺,狮子是石狮。
狮子看守狮山寺,禅寺保护石狮子。

## 山楂树

山楂山长满酸山楂树,
酸山楂树长满酸山楂。

## 十四和四十

四是四,十是十,
十四是十四,四十是四十。

要想说对四和十,得靠舌头和牙齿。
谁说四十是戏习,谁的舌头没用力;
谁说四十是事实,谁的舌头没伸直。
要想说对常练习,十四,四十,四十四。

## 涩柿子和石狮子

树上结了四十四个涩柿子,树下蹲着四十四头石狮子;
树下四十四头石狮子,要吃树上四十四个涩柿子;
树上四十四个涩柿子,不让树下四十四头石狮子吃它
　　们四十四个涩柿子;
树下四十四头石狮子,偏要吃树上四十四个涩柿子。

## 三山和四水

三山撑四水,四水绕三山。
三山四水春常在,四水三山四时春。

## 苏胡子、胡胡子

苏州有个苏胡子,湖州有个胡胡子。
苏州苏胡子爱用梳子梳胡子,
湖州胡胡子梳胡子要用梳子,

湖州胡胡子向苏州苏胡子借梳子梳胡子,
苏州苏胡子借梳子给湖州胡胡子梳胡子。

## 三十三只山羊

三十三只山羊上山去散步,
三十三只上山去散步的山羊,
下山只剩十三只。

## 撕壁纸

墙壁贴壁纸,遇雨墙壁湿,
壁湿湿壁纸,纸湿壁更湿。
纸湿撕湿纸,撕纸换湿纸。
撕下湿纸换壁纸,壁纸不湿不撕纸。

## 石小四和史肖石

石小四,史肖石,一同来到阅览室。
石小四年十四,史肖石年四十。
年十四的石小四爱看诗词,
年四十的史肖石爱看报纸。
年四十的史肖石发现了好诗词,
忙递给年十四的石小四。

年十四的石小四见了好报纸,
忙递给年四十的史肖石。

## 三月三

三月三,阿三撑伞上深山。
上山又下山,下山又上山。
出了满身汗,湿透一身衫。
上山走了四里四,下山跑了三里三,
还剩一里金花闪,唱支山歌手摇扇。
来了精神跑下山。

## 买细丝线

我拿着四毛钱,跑到市里施家丝店,
买了十根细丝线,拿回家一看,
不是细丝线是湿丝线。

## 师部司令部指示

师部司令部指示:
四团十连石连长带四十人在十日四时四十四分按时
　　到达师部司令部,
师长召开誓师大会。

## 山里有个寺

山里有个寺,山外有个市,
弟子三十三,师父四十四。
三十三的弟子在寺里练写字,
四十四的师父到市里去办事。
三十三的弟子用了四十四小时,
四十四的师父走了三十三里地。
走了三十三里地就办了四十四件事,
用了四十四小时才写了三十三个字。

## 辨读

找不到念早到,遭到不念招到,
乱草不念乱吵,制造不念自造,
收不念搜,昌不念仓,张不念脏,
栽花不念摘花,自力不念智力,
暂时不念战时,大字不念大志,
一层不念一成,草木不念炒木,
参加不念掺加,四十不念事实,
三哥不念山歌,塞子不念筛子,
俗语不念熟语,散光不念闪光,
撒网不念纱网,三山不念山山。

## 杂志社出杂志

杂志社出杂志,杂志出在杂志社,
有政治常识,历史常识,写作指导,诗词注释,
还有那——植树造林,治理沼泽,
栽花种草,生产手册,种种杂志数十册。

附:s 与 sh 辨音字表

| 韵母 | s | | sh | |
|---|---|---|---|---|
| a | sā | 撒 | shā | 沙砂纱杀痧 |
| | | | shá | 啥 |
| | sǎ | 洒撒(撒种) | shǎ | 傻 |
| | sà | 卅萨 | shà | 厦(大厦)煞 |
| e | | | shē | 奢赊 |
| | sè | 色塞涩瑟啬 | shè | 射设摄涉麝赦 |
| -i | sī | 司私思斯丝撕鸶 | shī | 尸师狮施失虱湿诗 |
| | | | shí | 时十什拾识实食蚀 |
| | sǐ | 死 | shǐ | 史驶使始屎 |
| | sì | 四肆似寺 | shì | 世势柿逝市示事是誓式视释室适饰恃士氏 |
| ai | sāi | 腮鳃塞(瓶塞) | shāi | 筛 |
| | | | shǎi | 色(退色) |
| | sài | 塞赛 | shài | 晒 |

续表

| 韵母 | s | sh |
|---|---|---|
| ao | sāo 臊骚搔缲<br>sǎo 扫嫂<br>sào 臊(害臊)扫(扫帚) | shāo 捎稍梢烧<br>sháo 勺芍韶杓<br>shǎo 少<br>shào 少哨绍邵 |
| ou | sōu 搜艘馊<br>sòu 嗽 | shōu 收<br>shóu 熟<br>shǒu 守手首<br>shòu 售受授寿瘦兽 |
| ua |  | shuā 刷<br>shuǎ 耍 |
| uo | suō 缩嗦梭蓑<br>suǒ 所锁索琐 | shuō 说<br>shuò 烁硕朔妁 |
| uai |  | shuāi 衰摔<br>shuǎi 甩<br>shuài 帅率蟀 |
| ui | suī 虽尿<br>suí 绥随遂(半身不遂)<br>suǐ 髓<br>suì 岁碎穗隧 | shuí 谁<br>shuǐ 水<br>shuì 税睡 |
| an | sān 三叁<br>sǎn 伞散(散文)<br>sàn 散(解散) | shān 山删衫舢膻杉(水杉)<br>shǎn 闪陕<br>shàn 扇缮鳝赡擅善汕讪 |
| en | sēn 森 | shēn 伸绅呻身参(人参)深<br>shén 神甚(甚么)<br>shěn 沈审婶<br>shèn 渗慎肾甚 |

续表

| 韵母 | s | sh |
|---|---|---|
| ang | sāng 桑丧(丧事)<br>sǎng 嗓<br>sàng 丧 | shāng 伤商墒<br>shǎng 垧晌赏<br>shàng 上绱尚 |
| eng | sēng 僧 | shēng 升生牲笙甥声<br>shéng 绳<br>shěng 省<br>shèng 圣胜盛剩 |
| ong | sōng 松嵩<br>sǒng 悚<br>sòng 宋送颂诵 | |
| uan | suān 酸<br>suàn 算蒜 | shuān 拴栓<br>shuàn 涮 |
| un | sūn 孙<br>sǔn 笋损 | shùn 顺舜 |
| uang | shuāng 双霜<br>shuǎng 爽 | |

# 韵母辨正练习

同声母一样,各方言区的韵母同普通话的韵母不完全相同,方言区的人在学习普通话时,要找出本方言区韵母同普通话韵母的差异和对应规律,以便于纠正。

韵母是音节的主要部分,它的发音非常重要,单韵母只有一个音素,复韵母和鼻韵母却有两个或三个音素,而且很多都有韵尾。由此要特别注意归音问题,发韵母音时要求韵腹要拉开、立起,韵尾要归音到底。

有些方言区内,读复韵母时动程不清,把复韵母读成了单韵母。要纠正这类读音,必须掌握好普通话复韵母的发音要领,反复体会动程,逐个加以练习,才能正确发音。

还有些方言中有丢失韵头的现象,如西南及山东一些地区把普通话中合口呼韵母的韵头 u 丢掉,读成了开口呼韵母,如把"对"(duì)读成了"dèi",所以这些方言区的读者首先要读准普通话韵母中有 u 韵头的字,其次要弄清哪些字的韵母有韵头 u,可利用声韵配合规律帮助记忆。

掌握发音要领,须加强发音部位和发音方法的训练。尤其是方言字音重的人,首先要分清方言字音同普通话字音的异同,然后逐步改变方言字音,逐渐掌握普通话标准字音。下面我们选出有代表性的几组音,结合绕口令进行对比辨读练习。

### (一)n、ng 对比辨读要领

发 n 与 ng 音时口形不同。发 n 音时用舌尖抵住上齿龈,软腭下垂,口形不能大开,只是双唇稍离,上齿掩住下齿;发 ng 音,用舌根抵住软腭,口形可以大开,上下齿可以离开。ng 当韵尾时舌根始终顶住硬腭和软腭的交界处不动,即没有"除阻"。另外,从听觉上比,n 的鼻气息较轻,没有 ng 那样响亮。

在普通话里鼻辅音韵尾 n 和 ng 是分得很清楚的。但在一些方言区里,n、ng 是不分的。有的地方,所有的鼻音尾韵母都不分,或者只有 n 没有 ng,比如福州话、宁夏话等;或者该读 ng 尾的音节读成 n 尾,比如武汉话、上海话、桂林话等,或恰与此相反。还有一些地方部分鼻音尾韵母相混,如 en、eng 不分,in 和 ing 不分,把前鼻音读成后鼻音,后鼻音念成前鼻音。这时,我们就要掌握 n、ng 的发音方法和发音部位,这两个音的发音方法是相同的,但发音部位不同,发 n 韵尾时,舌尖抵住上齿龈；发 ng 韵尾时,舌根抵住软腭,两个韵尾都没有除阻过程。练习发音时,可先单独练习韵尾的发音,然后连同元音练习整个韵母的发音,一对一对地比较,仔细体会舌头运动的情况和肌肉的不同感觉,直到能随意地发出 n 和 ng 为止。

### 1. in、ing 对比辨读练习

### 天津和北京

天津和北京,津京两个音,
一个是前鼻音,一个是后鼻音,
您要分不清,请您注意听。

天津和北京

### 林玲和凌琳同龄

林玲和凌琳,长得一般高,
又是同年龄,林玲两眼水灵灵,
凌琳长得挺机灵,林玲帮军属把水拎,
凌琳替队里采鲜菱。

林玲和凌琳同龄

### 民兵排选标兵

民兵排选标兵,六班的标兵,
七班的标兵,八班的标兵,

评比台前比输赢。
标兵比标兵,全排选八名,
选出前八名,一起上北京。

## 铃铃摇银铃

铃铃摇银铃,银铃丁零零。
铃铃不摇铃,银铃不丁零。
银铃丁零零是铃铃摇银铃,
银铃不丁零是铃铃没摇铃。

## 敬母亲

生身亲母亲,谨请您就寝,
请您心宁静,身心很要紧。
新星伴明月,银光澄清清,
尽是清静境,警铃不要惊。
您请我进来,进来敬母亲。

## 同姓与通信

同姓不能说成通信,通信不能说成同姓。
同姓可以互相通信,通信并不一定同姓。

## 擦镜

小胜、小庆和小静,给五保户擦玻璃镜。
小静说小胜比小庆擦得净,
小胜说小庆比小静擦得净,
小庆说小静比小胜擦得净。
玻璃镜越擦越干净,乐坏了小胜、小庆和小静。

## 夫新的父亲

夫新的父亲名叫福清,福清就是夫新的父亲,
福清要夫新叫他父亲,福清不要夫新叫他福清。

## 心境

心境清静清静心境,境静心清清心静境。

**附:in 与 ing 辨音字表**

| 声母 | in | ing |
|---|---|---|
| y | yīn 因姻殷阴音<br>yín 寅淫银吟龈垠<br>yǐn 隐瘾引蚓尹饮<br>yìn 印饮(饮马) | yīng 应英婴樱缨鹦鹰莺<br>yíng 营萤蝇盈赢迎<br>yǐng 影<br>yìng 映硬应(应酬) |
| b | bīn 宾滨槟彬缤<br>bìn 殡鬓 | bīng 冰兵槟(槟榔)<br>bǐng 丙柄秉禀饼<br>bìng 并病 |

续表

| 声母 | in | ing |
|---|---|---|
| p | pīn 拼<br>pín 贫频嫔<br>pǐn 品<br>pìn 聘牝 | pīng 乒<br>píng 平苹评萍屏瓶凭 |
| m | mín 民<br>mǐn 抿泯敏闽悯皿 | míng 名茗铭明冥溟鸣<br>mìng 命 |
| d | | dīng 丁叮钉<br>dǐng 顶鼎<br>dìng 定锭订(订合同) |
| t | | tīng 听厅汀<br>tíng 亭庭蜓<br>tǐng 挺艇 |
| n | nín 您 | níng 宁(安宁)拧柠咛凝<br>nìng 宁(宁可)泞 |
| l | lín 邻磷鳞麟林淋琳临<br>lǐn 凛檩<br>lìn 吝蔺赁 | líng 灵伶岭龄零铃凌陵菱<br>lǐng 岭领<br>lìng 另令 |
| j | jīn 巾斤筋今襟津<br>jǐn 紧谨锦仅尽(尽管)<br>jìn 劲禁近晋进尽烬浸 | jīng 京惊鲸茎经睛精菁晶兢荆梗<br>jǐng 景颈警井<br>jìng 径竟境敬竞净静 |
| q | qīn 钦亲侵<br>qín 芹勤琴擒禽秦<br>qǐn 寝<br>qìn 沁吣 | qīng 氢轻倾卿青清蜻<br>qíng 情晴擎<br>qǐng 顷请<br>qìng 庆亲(亲家) |
| x | xīn 欣辛新薪锌心馨(馨香)<br>xìn 衅信 | xīng 兴星猩腥<br>xíng 行刑型形邢<br>xǐng 省(反省)醒<br>xìng 幸杏性姓兴(高兴)悻 |

关于 in 与 ing 的拼合规律,可再记住下面几点:

(1)普通话 xin 没有阳平和上声。

(2)普通话 ping 没有上声和去声。

(3)普通话 bin 没有阳平和上声。

2. en、eng 对比辨读练习

### 真冷

真冷、真冷、真正冷,冷冰冰,冰冷冷,

人人都说冷,猛的一阵风,更冷。

说冷也不冷,人能战胜风,

更能战胜冷。

真冷

### 姓陈和姓程

姓陈不能说成姓程,

姓程不能说成姓陈。

禾木是程,耳东是陈,

如果陈程不分,就会认错人。

### 盆和棚

天上一个盆,地下一个棚,

盆碰棚,棚碰盆,棚倒了,盆碎了,

是棚赔盆还是盆赔棚?

## 陈庄城通郑庄城

陈庄城通郑庄城,郑庄城通陈庄城,
陈庄城和郑庄城,两庄城墙都有门。
陈庄门进郑庄人,郑庄门进陈庄人,
请问陈郑两庄门,各进哪庄人?

陈庄城通郑庄城

附:en 与 eng 辨音字表

| 声母 | en | eng |
|---|---|---|
| 零 | ēn 恩 | |
| b | bēn 奔锛<br>běn 本<br>bèn 笨 | bēng 崩<br><br>bèng 泵蹦 |
| p | pēn 喷<br>pén 盆 | pēng 烹<br>péng 朋棚硼彭膨篷<br>pěng 捧<br>pèng 碰 |
| m | mén 门<br><br>mèn 闷<br>men 们 | méng 萌盟蒙檬朦<br>měng 猛蜢锰<br>mèng 孟梦 |
| f | fēn 分吩芬纷<br>fén 坟焚<br>fěn 粉<br>fèn 奋粪份愤分(本分) | fēng 风枫疯丰峰锋封蜂<br>féng 冯逢缝(缝上)<br>fěng 讽<br>fèng 凤奉缝(裂缝) |

续表

| 声母 | en | eng |
|---|---|---|
| d |  | dēng 灯登<br>děng 等<br>dèng 邓凳瞪镫 |
| t |  | téng 疼誊藤腾 |
| n | nèn 嫩 | néng 能 |
| l |  | léng 棱<br>lěng 冷<br>lèng 愣 |
| g | gēn 根跟 | gēng 庚耕羹更(变更)<br>gěng 梗耿<br>gèng 更(更加) |
| k | kěn 肯啃恳垦 | kēng 坑 |
| h | hén 痕<br>hěn 很狠<br>hèn 恨 | hēng 哼<br>héng 横恒衡<br>hèng 横(蛮横) |
| zh | zhēn 珍贞侦真砧针斟朕<br>zhěn 疹诊枕<br>zhèn 振震镇阵 | zhēng 征争挣睁筝蒸正(正月)<br>zhěng 整拯<br>zhèng 正政症证郑 |
| ch | chēn 抻嗔<br>chén 臣尘辰晨陈沉忱<br>chèn 衬趁称(相称) | chēng 称撑瞠<br>chéng 成城诚盛(盛饭)丞呈程惩橙<br>chěng 逞骋<br>chèng 秤 |

续表

| 声母 | en | eng |
|---|---|---|
| sh | shēn 申伸呻身参深<br>shén 神甚(甚么)<br>shěn 沈审婶<br>shèn 渗慎肾甚(甚至) | shēng 升生牲笙甥声<br>shéng 绳<br>shěng 省<br>shèng 圣胜盛剩 |
| r | rén 人仁任(姓)壬<br>rěn 忍<br>rèn 刃纫韧认任(任何)妊 | rēng 扔<br>réng 仍 |
| z | zěn 怎 | zēng 曾(曾祖父)憎增<br>zèng 赠 |
| c | cēn 参(参差)<br>cén 岑 | céng 曾(曾经)层<br>cèng 蹭 |
| s | sēn 森 | sēng 僧 |

## (二) i、ü 对比辨读要领及练习

普通话里,韵母 i 和 ü 是有严格区分的,"稀奇"xī qí 的韵母是 i,"雨具"yǔ jù 的韵母是 ü。但有些方言区里,没有撮口呼韵母,普通话里读 ü 的地方都读成 i。比如闽南话、客家话、兰州话、昆明话和湖北部分地方没有单元音 ü 和以 ü 为韵头的韵母,只有单元音 i 和以 i 为韵头的韵母。对这些方言区的人来说,首先要练会 ü 的发音。

ü和i的发音舌位的高低前后相同,区别在于唇形的圆展,发i时唇形不圆,发ü时唇形圆。练习时可先展开嘴角发i音,把声音拖长,气流不中断,不改变舌位,然后慢慢地把嘴唇拢成圆形,其他部位不动,就发出ü来了。也可以对镜观察,做这样的试验:念i,它的唇形是扁平的,不圆,拉长声音,不要停止,舌位也不准移动,逐渐收敛嘴唇,使它变圆,这没有停止的声音也随唇形而变为ü了。反过来,先发ü音,是圆唇,拉长声音、展开嘴角,就会变成i。

## 驴踢梨

一头驴,驮筐梨,
驴一跑,滚了梨。
驴跑梨滚梨绊驴,
梨绊驴蹄驴踢梨。

驴踢梨

## 女小吕

这天天下雨,
体育运动委员会穿绿雨衣的女小吕,
去找计划生育委员会不穿绿雨衣的女老李。
体育运动委员会穿绿雨衣的女小吕,
没找着计划生育委员会不穿绿雨衣的女老李,

女小吕

计划生育委员会不穿绿雨衣的女老李也没见着穿绿雨衣的女小吕。

## 吃橘子

吃橘子,剥橘壳,
橘壳抛在壁角落。
不吃橘子,不剥橘壳,
橘壳也不抛在壁角落。

## 卖鱼和牵驴

老齐正欲去卖鱼,巧遇老吕去牵驴。
老齐要用老吕的驴去驮鱼,
老吕说老齐要用我的驴驮鱼就得给我鱼,
要不给我鱼就别用我老吕的驴去驮鱼,
二人争来争去都误了去赶集。

## 拾麂皮补皮裤

一出门儿,走七步,
拾了块麂皮补皮裤。
是麂皮补皮裤,
不是麂皮不必补皮裤。

## 小曲和小菊去储蓄

小曲和小菊,同到银行去储蓄。
小菊存二千一百七十一元一角七,
小曲存一千七百一十七元七角一。
储蓄员小余告诉小曲和小菊,
五年后所得利息每人可买一台电视机。

## 看曲剧

老徐和老许,二人看曲剧,
曲剧观众多,剧场无虚席,
曲剧确有趣,娱乐受教育,
曲剧群众喜,群众喜曲剧。

## 吕里和李丽

李丽栽了一园李,吕里栽了满园梨。
李丽摘李送吕里,吕里摘梨送李丽。
吕里向李丽学栽李,李丽向吕里学栽梨。
吕里和李丽,互相来学习。

## 附：i 与 ü 辨音字表

| 声\韵 | i | ü |
|---|---|---|
| 零 | 一壹衣依伊咿医揖噫夷姨移遗宜疑嶷仪怡饴贻沂颐彝迤已以矣倚椅蚁乙易异蜴翼翌臀意亿忆臆益溢肄义议毅艺吃屹亦奕抑役疫谊驿译佚轶诣邑逸弋刈裔 | 迂纡于竽盂余愉榆渝逾舆禹隅愚虞娱予鱼渔臾谀腴字羽雨禹庾瘐吁芋浴峪欲裕谕喻愈预誉御寓遇郁育域蜮妪毓鹬玉钰狱豫昱煜驭聿 |
| | ie | üe |
| | 噎椰耶爷揶也野冶夜液腋掖页谒叶业曳 | 约曰月悦阅越跃岳粤 |
| | ian | üan |
| | 烟咽湮焉嫣淹腌阉盐严岩檐延筵蜒沿炎阎言研妍颜奄掩演衍眼偃宴晏堰唁焰燕艳彦谚雁砚验厌餍 | 冤鸢鸳渊爱援袁猿辕元沅芫园员圆原源垣缘远苑怨院愿媛 |
| | in | ün |
| | 阴荫因茵姻殷音寅淫霪垠银龈吟引隐瘾蚓饮尹印胤 | 晕云芸纭耘匀筠允陨殒韵孕运郓酝愠蕴熨 |
| n | i | ü |
| | 尼泥呢妮怩倪霓你拟匿昵逆溺腻 | 女 |
| | ie | üe |
| | 捏聂蹑镊臬镍孽 | 虐疟 |
| l | i | ü |
| | 厘狸梨犁黎离漓篱蠡李里俚理鲤礼澧利俐莉痢例立粒笠戾唳力历沥励隶丽俪荔栗砾吏哩璃 | 闾驴吕侣铝旅屡缕履虑滤律率① 氯绿 |
| | ie | üe |
| | 咧列冽烈裂劣猎 | 掠略 |

① 率，用于指相关数量的关系时，念 lǜ，如"出勤率"。

续表

| 声\韵 | i | ü |
|---|---|---|
| j | 几机肌饥讥迹积绩基箕鸡缉击稽激羁唧圾姬疾及汲极级笈吉即脊瘠蒺嫉辑楫藉①籍集棘急挤给②己纪麂戟技妓伎祭忌记计季悸际济剂既寂鲫冀骥继寄稷 | 居狙疽雎拘驹掬鞠桔局菊矩举咀沮句拒炬距剧据锯具俱聚飓 |
| | ie | üe |
| | 皆阶秸街揭接结疖嗟节洁桔③诘桀杰竭碣睫子劫截姐解介芥藉戒诫届借 | 撅决抉诀倔掘厥獗攫孑觉爵嚼绝角④ |
| | ian | üan |
| | 尖艰坚监奸歼笺兼煎菅缄肩间柬拣简俭检硷剪减蹇见件涧建健键毽鉴槛舰贱践溅剑荐谏渐箭 | 涓捐鹃卷倦眷绢圈⑤ |
| | in | ün |
| | 巾斤筋今衿矜金禁襟津仅瑾槿谨紧锦尽进烬晋浸近靳劲 | 菌均钧君军龟⑥俊隽浚峻竣骏郡 |
| q | i | ü |
| | 欺期戚蹊妻栖沏七柒漆祁岐歧芪祇其淇琪萁祺旗麒奇崎骑耆畦齐脐杞起企岂启绮乞气汽契弃器砌迄讫泣 | 区岖驱躯蛆趋曲屈劬祛渠瞿取娶龋去趣 |

---

① "狼藉"的"藉",念 jí。
② 给,指供应、丰足时,念 jǐ,如"给养""家给人足"。
③ "桔梗"的"桔",念 jié。
④ "角斗""角色"等的"角",念 jué。
⑤ 圈,用于指养禽兽的栅栏,念 juàn。
⑥ "龟裂"的"龟",念 jūn。

续表

| 声＼韵 | ie | üe |
|---|---|---|
| q | 切茄且怯挈窃妾 | 缺阙瘸却榷确雀鹊阕 |
| | ian | üan |
| | 牵愆骞铅谦千阡钎迁签虔钱黔钳箝前潜遣谴浅欠芡嵌歉茜倩堑 | 圈悛蜷拳权颧全荃醛痊诠泉犬畎券劝 |
| | in | ün |
| | 钦亲侵衾芹勤琴芩禽擒噙秦寝沁 | 裙群 |
| x | i | ü |
| | 希稀奚溪熹嘻吸析晰蜥息熄惜悉蟋膝熙西牺檄犀锡羲曦兮夕汐昔席媳习袭禧徙洗玺系细戏隙 | 虚嘘墟歔胥须戍吁①徐许诩栩煦婿恤洫絮序叙绪续蓄畜②酗旭 |
| | ie | üe |
| | 些歇蝎楔谐偕鞋携邪斜协胁写泻械屑懈卸谢泄蟹 | 削③靴薛学穴雪 |
| | ian | üan |
| | 掀仙籼先鲜纤弦舷闲咸嫌贤衔显险洗限岘现苋宪县献陷馅线腺羡 | 轩宣喧玄悬旋漩选癣渲楦炫眩绚 |
| | in | ün |
| | 欣昕辛新锌薪心芯馨鑫衅信 | 勋熏巡循寻旬询苟徇驯训汛迅讯殉逊 |

---

① 吁，用于指叹息，念 xū。
② 畜，指饲养禽兽，念 xù。
③ 削，作为合成词的词素，念 xuē；作为单音词，念 xiāo。

## (三) o、e 对比辨读要领及练习

韵母 o 和 e 都是舌面、后、半高元音,二者的不同主要在于控制嘴唇的形状。发 o 音时嘴唇是圆的,发 e 音时嘴角向两边展开,不圆唇。

针对有的方言(如济南话、广州话、闽南话、客家话等)没有 e 音;以及东北和西南不少方言还把韵母 o 念成 e 的情况,不妨采用以下方法练习。

不会发 o 音的人,可以先发 e 音,并把声音拖长,不改变舌位,保持气流不中断,同时把嘴唇收拢成圆形,此时 e 音就变成 o 音了。

不会发 e 音的人,则可先发 o 音,并把声音拖长,不改变舌位,保持气流不中断,同时把嘴唇展平成扁形,此时 o 音就变成 e 音了。

## 鹅过河

河边两只鹅,白鹅和灰鹅,
一同去过河,拾草来搭窝。
草窝真暖和,大家真快活。
住在草窝里,哦哦唱支歌。

鹅过河

## 阿伯和阿婆

阿伯搞文科,阿婆爱唱歌,

阿伯和阿婆

阿伯填词阿婆唱，大家听了笑呵呵。

## 老薄和老何

河边住的姓薄，船上住的姓何，
老薄上船找老何，老何上岸找老薄。

### (四)üe、üan 对比辨读要领及练习

　　üe 由 ü 音滑向 ê 音，ü 和 ê 的发音与单念时基本相同，发音是前弱后强，前轻后响；üan 是先发 ü 后过渡到 an，但 a 的发音比单念 an 时舌位略高。发 üe 音开口度略小，发 üan 音开口度略大。

## 节约匣

袁月霞家有个小节约匣，苑鸳远家有个
　　大节约匣。
袁月霞家的小节约匣装的是碎铜烂铁和木块，
苑鸳远家的大节约匣装的是螺丝马掌和乱麻。
袁月霞家的小节约匣是无价宝，
苑鸳远家的大节约匣是用处大。

节约匣

## 圆圆和圆月

圆圆远远叫圆月，叫来圆月来赏月，

圆圆说:月月圆,圆月说:圆圆月。
圆圆说:圆月的眼圆比月圆,
圆月说:圆圆的圆眼赛圆月。
究竟是圆圆、圆月的眼儿圆,
还是圆圆的月儿圆。

### (五)o、uo 对比辨读要领及练习

发 o 音时,口腔半闭,舌头后缩,双唇收敛,略呈圆形;而发 uo 是由 u 音滑向 o 音,u 发音短暂,o 发得较为响亮清晰。这里介绍一小窍门,就是我们不妨从"多"(duō)音中分析出 o 音来。念"多",拖长声音,最后停止发音,但此时口形、唇形、舌位保持着停止发音时的原状。再重新呼气发音,就是极准确的 o 音了。

### 民兵排,民兵多

民兵排,民兵多,
男民兵不比女民兵少,
女民兵也不比男民兵多。
男民兵百米跑步奔南坡,
女民兵跑步百米奔北坡。
男民兵,练发炮,
女民兵,练爆破。

民兵排民兵多

男民兵说女民兵爆破是能手,
女民兵夸男民兵炮炮命中,
发炮本领真不错。

## 收萝卜

洪小波与白小果,拿着笸箩收萝卜,
洪小波收的是白萝卜,白小果收的是红萝卜,
一收收到太阳落山坡。

收萝卜

## 破裤裹破布

破布包破裤,破裤裹破布。
布包裤,裤裹布,
不知到底是破布包住破裤,
还是破裤裹住破布。

## 夸骆驼

骆驼驮着货,货用骆驼驮,
伯伯牵骆驼,一个跟一个,
伯伯夸骆驼,干活真不错。

## 老婆婆托笸箩

打南坡走过来个老婆婆,俩手托着俩笸箩。

左手托着的筐箩装的是菠萝,
右手托着的筐箩装的是萝卜。
你说说,是老婆婆左手托着的筐箩装的菠萝多,
还是老婆婆右手托着的筐箩装的萝卜多?
说得对,送你一筐箩菠萝,
说得不对,既不给菠萝也不给萝卜,
罚你替老婆婆把装菠萝的筐箩和装萝卜的筐箩送到大北坡。

### 老何捕鱼

罗家门前有条河,河里游着一群鹅。
来了捕鱼的老何,挑来一对竹箩。
老何只顾着撒网落河,碰翻了一只箩。
竹箩滚下河,套住了一只鹅,
老何忙下河,捞箩来救鹅。
急坏了老何,吓散了群鹅。

(六) ou 与 u 对比辨读要领及练习

ou 与 u 发音的不同主要在于唇形。u 的发音是双唇收缩成圆形,ou 的发音是由 o 音滑向 u 音,嘴唇收敛不太紧,不太圆。

## 借绿豆

出南门,走六步,看见六叔和六舅。
叫声六叔和六舅,借我六斗六升好绿豆,
收了秋,打了豆,再还六叔六舅六斗六升好绿豆。

## 护豆豆

护豆豆

小妞妞,围兜兜,坐在地头儿护豆豆,
地边来了一头牛,妞妞怕牛踩了豆,
翻过小土丘,跳过小河沟,忙把牛绳拉在手,
小牛羞得哞哞叫,大伙儿都夸小妞妞。

## 兜装豆

兜里装豆,豆装满兜,
兜破漏豆,倒出豆,补破兜,
补好兜,又装豆,装满兜,不漏豆。

## 钟鼓楼

钟鼓楼,鼓楼钟,
钟鼓楼中钟声声。
钟鼓楼,鼓楼钟,
钟鼓楼中钟声终。

## 吃豆腐

你会吃荤油咕嘟炖冻豆腐，

我给你做荤油咕嘟炖冻豆腐，

你不会吃荤油咕嘟炖冻豆腐，

我不给你做荤油咕嘟炖冻豆腐。

**附：ou 与 u 辨音字表**

| 声母 | ou | | u | |
|---|---|---|---|---|
| d | dōu | 都（都是）兜 | dū | 都督 |
| | | | dú | 独读犊牍毒 |
| | dǒu | 斗抖蚪陡 | dǔ | 赌堵肚（肠肚） |
| | dòu | 斗豆痘逗 | dù | 杜肚度渡镀妒 |
| t | tōu | 偷 | tū | 秃突 |
| | tóu | 头投 | tú | 途涂屠徒图 |
| | | | tǔ | 土吐 |
| | tòu | 透 | tù | 兔吐（呕吐） |
| n | | | nú | 奴 |
| | | | nǔ | 努 |
| | | | nù | 怒 |
| l | lōu | 搂（搂柴火） | | |
| | lóu | 楼耧喽 | lú | 卢泸芦炉轳颅 |
| | lǒu | 篓搂 | lǔ | 鲁橹虏卤 |
| | lòu | 漏陋露（露头） | lù | 路露鹭鹿辘录碌绿（绿林）陆戮 |
| zh | zhōu | 州洲周粥舟 | zhū | 朱蛛珠猪诸 |
| | zhóu | 轴 | zhú | 竹烛逐 |
| | zhǒu | 肘帚 | zhǔ | 主煮嘱 |
| | zhòu | 皱骤昼宙咒 | zhù | 住注柱蛀驻助著铸祝筑贮 |

续表

| 声母 | ou | | u | |
|---|---|---|---|---|
| ch | chōu | 抽 | chū | 初出 |
|  | chóu | 酬愁稠绸仇筹畴踌 | chú | 除厨橱锄雏躇 |
|  | chǒu | 丑瞅 | chǔ | 楚础处(处理)储杵褚 |
|  | chòu | 臭 | chù | 处触畜(畜生)矗 |
| sh | shōu | 收 | shū | 书舒疏蔬梳输殊叔 |
|  | shóu | 熟(煮熟) | shú | 赎秫熟 |
|  | shǒu | 守首手 | shǔ | 暑署薯曙鼠属数黍 |
|  | shòu | 受授兽瘦寿售 | shù | 树竖漱恕数述术束 |
| z | zōu | 邹 | zū | 租 |
|  |  |  | zú | 足族卒 |
|  | zǒu | 走 | zǔ | 祖组阻 |
|  | zòu | 揍奏 |  |  |
| c |  |  | cū | 粗 |
|  | còu | 凑 | cù | 醋促簇 |
| s | sōu | 搜馊 | sū | 苏酥 |
|  |  |  | sú | 俗 |
|  | sòu | 嗽 | sù | 素诉塑肃速宿粟 |

# 声、韵、调综合练习

(一) 声调辨正要领

普通话的基本调值有四种,所以有四种声调:阴平、阳平、上声、去声,简称四声。但要改自己的方言声调为普通话声调,也不是一件容易的事,需下一番功夫反复练习。

首先要把普通话声调的调值读准,清楚地念出平、升、曲、降的区别,掌握高、低、升、降的程度,辨清四声的差别,准确地读出四声的调值。

其次找出自己方言声调和普通话声调的差别及对应关系,一是找出方言和普通话在调值上的差别,二是找出方言跟普通话在调类上的差别。

下面列出普通话和方言调类、调值比较表,作学习时的参考。

**附：普通话和方言调类、调值比较表**

| 古调类 | 方言区<br>地名<br>例字 | 北方方言区 ||||||||
|---|---|---|---|---|---|---|---|---|---|
| | | 普通话 | 沈阳 | 济南 | 汉口 | 西安 | 成都 | 滦县 | 南京 |
| 阴平 | 天刚诗 | 阴平<br>55 | 阴平<br>44 | 阴平<br>213 | 阴平<br>55 | 阴平<br>31 | 阴平<br>44 | 平声<br>11 | 阴平<br>31 |
| 阳平 | 陈唐扶 | 阳平<br>35 | 阳平<br>35 | 阳平<br>42 | 阳平<br>312 | 阳平<br>24 | 阳平<br>41 | | 阳平<br>31 |
| 阴上 | 草手纸 | 上声<br>214 | 上声<br>213 | 上声<br>55 | 上声<br>42 | 上声<br>42 | 上声<br>52 | 上声<br>213 | 上声<br>22 |
| 阳上 | 米藕老 | | | | | | | 去声<br>55 | |
| | 淡旱厚 | 去声<br>51 | 去声<br>41 | 去声<br>21 | 去声<br>35 | 去声<br>55 | 去声<br>13 | | 去声<br>44 |
| 阴去 | 正对唱 | | | | | | | | |
| 阳去 | 助树用 | | | | | | | | |
| 阴入 | 出急曲客 | 阴阳上去 | 阴阳上去 | 阴平 | 阳平 | 阴平 | 阳平 | 平上去 | 入声<br>5 |
| 阳入 | 肉纳叶 | 去声 | 去声 | 去声 | | | | | |
| | 合学服 | 阳平 | 阳平 | 阳平 | | 阳平 | | | |
| 调类数 | | 4 | 4 | 4 | 4 | 4 | 4 | 3 | 5 |

**普通话和方言调类、调值比较表**

| 古调类 | 方言区<br>地名<br>例字 | 吴 || 湘 | 赣 | 客家 | 闽 || 粤 ||
|---|---|---|---|---|---|---|---|---|---|---|
| | | 上海 | 绍兴 | 长沙 | 南昌 | 梅县 | 福州 | 厦门 | 广州 | 博白 |
| 阴平 | 天刚诗 | 阴平<br>54 | 阴平<br>41 | 阴平<br>33 | 阴平<br>42 | 阴平<br>44 | 阴平<br>44 | 阴平<br>55 | 阴平<br>53 | 阴平<br>44 |
| 阳平 | 陈唐扶 | 阳平<br>24 | 阳平<br>15 | 阳平<br>13 | 阳平<br>24 | 阳平<br>11 | 阳平<br>52 | 阳平<br>24 | 阳平<br>21 | 阳平<br>23 |

续表

| 古调类 | 例字 | 吴 上海 | 吴 绍兴 | 湘 长沙 | 赣 南昌 | 客家 梅县 | 闽 福州 | 闽 厦门 | 粤 广州 | 粤 博白 |
|---|---|---|---|---|---|---|---|---|---|---|
| 阴上 | 草手纸 | 上声 33 | 阴上 55 | 上声 41 | 上声 213 | 上声 31 | 上声 31 | 上声 51 | 阴上 35 | 阴上 33 |
| 阳上 | 米藕老 | | 阳上 22 | | | 去声 52 | | | 阴上 13 | 阳上 45 |
| 阳上 | 淡旱厚 | | | 阴去 55 | 阴去 55 | | 阳去 242 | 阳去 33 | 阳去 | |
| 阴去 | 正对唱 | | 阴去 44 | | | | 阴去 213 | 阴去 11 | 阴去 33 | 阴去 32 |
| 阳去 | 助树用 | 阳平 | 阳去 31 | 阳去 11 | 阳去 31 | | 阳去 | 阳去 | 阳去 22 | 阳去 21 |
| 阴入 | 出急曲客 | 阴入 5 | 阴入 5 | 入声 24 | 入声 5 | 阴入 21 | 阴入 23 | 阴入 32 | 上阴入 55 / 下阴入 33 | 上阴入 54 / 下阴入 1 |
| 阳入 | 肉纳叶 | 阳入 2 | 阳入 32 | | | 阳入 5 | 阳入 4 | 阳入 5 | 阳入 22 | 上阳入 4 |
| 阳入 | 合学服 | | | | | | | | | 下阴入 32 |
| 调类数 | | 5 | 8 | 6 | 6 | 6 | 7 | 7 | 9 | 10 |

## （二）声、韵、调综合练习

### 冰凌

春风送暖化冰层，黄河上游漂冰凌，
水中冰凌碰冰凌，积成冰坝出险情。

冰凌

人民空军为人民,飞来银鹰炸冰凌,
银鹰轰鸣黄河唱,人民空军留美名。

## 望月空,满天星

望月空,满天星,
光闪闪,亮晶晶,
好像那,小银灯,
仔细看,看分明,
大大小小,密密麻麻,
闪闪烁烁,数也数不清。

## 墙上一根钉

墙上一根钉,钉上挂条绳,
绳下吊个瓶,瓶下放盏灯,
灯下有只盆,掉下墙上钉,
脱掉钉上绳,滑倒绳下瓶,
打碎瓶下灯,砸破灯下盆,
瓶打灯,灯打盆,
盆骂灯,灯骂瓶,
瓶骂绳,绳骂钉,
钉怪绳,绳怪瓶,
瓶怪灯,灯怪盆,

叮叮当当当当叮,
乒乒乓乓乒乒乓。

## 十道黑

一道黑,两道黑,
三四五六七道黑,
八道九道十道黑,
我买了一个烟袋乌木杆儿,
我是掐着它的两头那么一道黑;
二兄弟描眉来演戏,
瞧着他的镜子那么两道黑;
粉皮墙,写川字,
横瞧竖瞧三道黑;
象牙桌子乌木腿儿,
把它放在那炕上那么四道黑;
我买了一只母鸡不下蛋,
把它搁在笼里捂到(五道)黑;
挺好的骡子不吃草,
把它牵着在那街上溜到(六道)黑;
买了一只小驴不套磨,
让它背上它的鞍鞯骑到(七道)黑;
二姑娘南洼去割菜,

十道黑

丢了她的镰刀拔到(八道)黑；
月窠儿的小孩儿得了病，
团几个艾球灸到(九道)黑。
卖瓜子儿的打瞌睡，
哗啦啦撒了这么一大堆，
他的笤帚簸箕不凑手，
那么一个一个拾到(十道)黑。

## 百家姓

百家姓，姓百家，
念错了，闹笑话。
念念看，差不差？
查贾萨车柴沙夏，彭朋庞潘包白皮。
马麦梅莫牟茅墨，方黄王汪万范花。
房洪冯凤丰封翁，傅胡吴伍邬武乌。
仇周赵招曹寿邵，张常蒋章尚商姜。
廖娄吕卢陆刘鲁，李赖雷林龙梁凌。
牛年聂倪宁侬南。高顾郭葛古柯戈，甘耿关管邝康孔。
陈郑沈程申岑曾，任饶荣戎融容阮。
翟赤祁齐薛戚季，何贺郝俟韩霍惠。
佟东童董仲钟庄，朱诸瞿褚祝储楚。
许徐舒苏宋孙随，史诗石师施池斯。

尹易应殷严言鄢，俞余袁游尤姚尧。
陶屠邰唐汤谭党，锹丁邓杜铁滕戴。

## 八个弟子都有名

高高山上一座庙，住了八个出家人，
八个道人都有名：
大弟子，叫凳大，二弟子，叫大凳，
三弟子，叫猴三，四弟子，叫三猴，
五弟子，叫瓶茶，六弟子，叫茶瓶，
七弟子，叫冰别边，八弟子，叫边别冰。
凳大会打鼓，大凳会撞钟；
猴三会烧火，三猴会点灯；
瓶茶会吹管，茶瓶会吹笙；
冰别边会煮饭，边别冰会念经。
大凳要打凳大鼓，凳大要撞大凳钟；
三猴要烧猴三火，猴三要点三猴灯；
茶瓶要吹瓶茶管，瓶茶要吹茶瓶笙；
边别冰要煮冰别边的饭，冰别边要念边别冰的经。
大凳打不好凳大的鼓，凳大撞不好大凳的钟；
三猴烧不好猴三的火，猴三点不好三猴的灯；
茶瓶吹不好瓶茶的管，瓶茶吹不好茶瓶的笙；
边别冰煮不好冰别边的饭，冰别边念不好边别冰的经。

凳大还打凳大鼓,大凳还撞大凳钟;
猴三还烧猴三火,三猴还点三猴灯;
瓶茶还吹瓶茶管,茶瓶还吹茶瓶笙;
冰别边还煮冰别边的饭,边别冰还念边别冰的经。
各人还干各一行,白白争个脸红脖子青。

## 三层殿

正行走,抬头看,前边来到头层殿。
头层殿,是好殿,花梁花柱花踢栅,
两边厢站着俩罗汉。
这边站着罗汉斧,那边站着斧罗汉。
罗汉斧手拿一根扁担短,斧罗汉手拿一根短扁担。
正行走,抬头看,前边来到二层殿。
二层殿,是好殿,红梁红柱红踢栅,
两边厢站着俩罗汉。
这边站着马面牛,那边站着牛马面。
马面牛手拿一个笏板扁,牛马面手拿一个扁笏板。
正行走,抬头看,前边来到三层殿。
三层殿,是好殿,黑梁黑柱黑踢栅,
两边厢站着俩罗汉。
这边站着判官瘦,那边站着瘦判官。
判官瘦手拿一根鞭虎尾,瘦判官手拿一根虎尾鞭。

这本是：罗汉斧,斧罗汉；

马面牛,牛马面；判官瘦,瘦判官；

六人说着来鏖战。

罗汉斧手拿一根扁担短,他要打斧罗汉的短扁担；

斧罗汉手拿一根短扁担,他要打罗汉斧的扁担短。

马面牛手拿一个笏板扁,他要打牛马面的扁笏板；

牛马面手拿一个扁笏板,他要打马面牛的笏板扁。

瘦判官手拿一根虎尾鞭,他要打判官瘦的鞭虎尾；

判官瘦手拿一根鞭虎尾,他要打瘦判官的虎尾鞭。

罗汉斧,斧罗汉,马面牛,牛马面,

判官瘦,瘦判官。

扁担短,短扁担,笏板扁,扁笏板,

鞭虎尾,虎尾鞭。

## 传统绕口令段子

数九寒天冷风嗖,年年春打六九头,

正月十五龙灯会,有一对狮子滚绣球。

三月三王母娘娘蟠桃会,大闹天宫孙悟空把这个仙桃偷。

五月当五端午节,白蛇许仙不到头。

七月七传说名叫天河配,牛郎织女泪双流。

八月十五云遮月,月里嫦娥犯忧愁。

要说愁,净说愁,唱一段绕口令十八愁。
虎也愁狼也愁象也愁鹿也愁,骡子也愁马也愁,
羊也愁牛也愁,狗也愁猪也愁鸭也愁鹅也愁,
蛤蟆愁螃蟹愁蛤蜊愁乌龟愁,鱼愁虾愁各有分由。
虎愁不敢把高山下,狼愁野心不改耍滑头,
象愁鼻长皮又厚,鹿愁脑袋七叉八叉长犄角,
马愁背鞍行千里,骡子愁得一世休,
羊愁从小把胡子长,牛愁愁得犯牛轴,
狗愁改不了净吃屎,猪愁离不开臭水沟,
鸭子愁得扁了嘴,鹅愁脑袋长了个崩儿了头,
蛤蟆愁长了一身脓包疥,螃蟹愁得净横搂,
蛤蜊愁闭关自守,乌龟愁不敢出头,
鱼愁离水不能走,虾愁空枪乱扎没准头。
前门楼子九丈九,四门三桥五牌楼,
出了便门往东走,离城四十到通州。
通州倒有六十六条胡同口,里面住着老哥仨,分别是
　　六十六岁刘老六,
六十六岁的刘老刘,还有六十六岁刘老头。
他家有六十六间好高楼,楼里有六十六瓶桂花油,
桌上摆六十六匹绿绉绸,绸上绣六十六个狮子滚
　　绣球,
楼外有六十六根檀木轴,轴上拴六十六头大青牛,

牛上驮六十六只大马猴。

刘老六、刘老刘、刘老头,坐在门外啃骨头,

打南边来了一条狗,这条狗好眼熟,

好像我那大大妈家,大大眉毛,大大眼睛,

大大耳朵,大大鼻子,大大口,大大妈家獒头狮子狗。

打北边又来了一条狗,那条狗更眼熟,

好像我那二大妈家,二大眉毛,二大眼睛,

二大耳朵,二大鼻子,二大口,二大妈家獒头狮子狗。

这两条狗抢骨头抢成仇,撞倒了六十六座好高楼,

碰洒了六十六瓶桂花油,油了那六十六匹绿绉绸,

脏了那六十六个狮子滚绣球。

楼外头碰倒了六十六根檀木轴,吓惊了六十六头大青牛,

吓跑了六十六只大马猴。

刘老六、刘老刘、刘老头,打死了狗,重盖起六十六间好高楼,

收起来六十六瓶桂花油,洗干净六十六匹绿绉绸,

洗净了六十六只狮子滚绣球,楼外头又立起来六十六根檀木轴,

牵回来六十六头大青牛,逮回来六十六只大马猴。

刘老六、刘老刘、刘老头,又看见鸡镩碎米囤漏豆,

狗啃油篓篓漏油,鸡不镩碎米囤不漏豆,

狗不啃油篓篓不漏油。

正月里正月正,姐妹二人去逛灯。

大姑娘名叫粉红女,二姑娘名叫女粉红,

粉红女身穿一件粉红袄,女粉红身穿一件袄粉红。

粉红女怀抱一瓶粉红酒,女粉红怀抱一瓶酒粉红,

二人找到无人处,推杯换盏饮刘伶。

女粉红喝了粉红女的粉红酒,粉红女喝了女粉红的酒
　　粉红。

女粉红喝了个酩酊醉,粉红女喝了个醉酩酊,

女粉红见了粉红女就打,粉红女见女粉红就拧。

女粉红撕破粉红女的粉红袄,粉红女撕了女粉红的袄
　　粉红。

二人打罢松了手,自己买线自己缝。

粉红女买了一条粉红线,女粉红买了一条线粉红。

粉红女缝反粉红袄,女粉红反缝袄粉红。

截着窗户撕字纸,是字纸撕字纸,

不是字纸不必撕字纸。

不知字纸有多少字,字纸里包着细银丝,

细银丝上趴着四千四百四十个似死似不死的小死虱
　　子皮。

高高山上一老僧,身穿衲衣几千层,

若问老僧年高迈,曾记得黄河九澄清,

一共四千五百冬。
老僧教了八个徒弟,八个徒弟个个有法名。
大徒弟名叫青头愣,二徒弟名叫愣头青,
三徒弟名叫僧三点,四徒弟名叫点三僧,
五徒弟名叫崩胡卢巴,六徒弟名叫巴胡卢崩,
七徒弟名叫随风倒,八徒弟名叫倒随风。
老师父教他们八种艺,八仙过海各显其能。
青头愣会打磬,愣头青会撞钟,
僧三点会吹管,点三僧会吹笙,
崩胡卢巴会打鼓,巴胡卢崩会念经,
随风倒会扫地,倒随风会点灯,
老师父叫他们换一换,不知换成换不成。
愣头青打不了青头愣的磬,青头愣撞不了愣头青的钟,
点三僧吹不了僧三点的管,僧三点吹不了点三僧的笙。
巴胡卢崩打不了崩胡卢巴的鼓,崩胡卢巴念不了巴胡
　　卢崩的经,
倒随风扫不了随风倒的地,随风倒点不了倒随风的灯。
老师父一见有了气,要打徒弟整八名,
眼看八个徒弟要挨打,门外走进五位云游僧,
五位僧人把情讲,叫他们后院数玲珑。
玲珑宝塔十三层,一去数单层,回来数双层,
谁要是数过来谁就是大师兄,谁要是数不过来玲珑

塔,叫他夜间罚跪到天明。

玲珑塔,塔玲珑,
玲珑宝塔第一层,一张高桌四条腿,
一个和尚一本经,一副铙钹一口磬,
一个木拉鱼子一盏灯,一个金钟整四两,
西北风一刮响哗楞。
玲珑塔,塔玲珑,隔看二层数三层,
三张高桌十二条腿,三个和尚三本经,
三副铙钹三口磬,三个木拉鱼子三盏灯,
三个金钟十二两,西北风一刮响哗楞。
玲珑塔,塔玲珑,玲珑宝塔第五层,
五张高桌二十条腿,五个和尚五本经,
五副铙钹五口磬,五个木拉鱼子五盏灯,
五个金钟二十两,西北风一刮响哗楞。
玲珑塔,塔玲珑,玲珑宝塔第七层,
七张高桌二十八条腿,七个和尚七本经,
七副铙钹七口磬,七个木拉鱼子七盏灯,
七个金钟二十八两,西北风一刮响哗楞。
玲珑塔,塔玲珑,玲珑宝塔第九层,
九张高桌三十六条腿,九个和尚九本经,
九副铙钹九口磬,九个木拉鱼子九盏灯,
九个金钟三十六两,西北风一刮响哗楞。

玲珑塔,塔玲珑,玲珑宝塔第十一层,
十一张高桌四十四条腿,十一个和尚十一本经,
十一副铙钹十一口磬,十一个木拉鱼子十一盏灯,
十一个金钟四十四两,西北风一刮响哗楞。

玲珑塔,塔玲珑,玲珑宝塔第十三层,
十三张高桌五十二条腿,十三个和尚十三本经,
十三副铙钹十三口磬,十三个木拉鱼子十三盏灯,
十三个金钟五十二两,西北风一刮响哗楞。

玲珑塔,塔玲珑,我往回数玲珑宝塔十二层,
十二张高桌四十八条腿,十二个和尚十二本经,
十二副铙钹十二口磬,十二个木拉鱼子十二盏灯,
十二个金钟四十八两,西北风一刮响哗楞。

玲珑塔,塔玲珑,玲珑宝塔第十层,
十张高桌四十条腿,十个和尚十本经,
十副铙钹十口磬,十个木拉鱼子十盏灯,
十个金钟四十两,西北风一刮响哗楞。

玲珑塔,塔玲珑,玲珑宝塔第八层,
八张高桌三十二条腿,八个和尚八本经,
八副铙钹八口磬,八个木拉鱼子八盏灯,
八个金钟三十二两,西北风一刮响哗楞。

玲珑塔,塔玲珑,玲珑宝塔第六层,
六张高桌二十四条腿,六个和尚六本经,

六副铙钹六口磬,六个木拉鱼子六盏灯,
六个金钟二十四两,西北风一刮响哗楞。
玲珑塔,塔玲珑,玲珑宝塔第四层,
四张高桌十六条腿,四个和尚四本经,
四副铙钹四口磬,四个木拉鱼子四盏灯,
四个金钟十六两,西北风一刮响哗楞。
玲珑塔,塔玲珑,玲珑宝塔第二层,
两张高桌八条腿,两个和尚两本经,
两副铙钹两口磬,两个木拉鱼子两盏灯,
两个金钟整八两,西北风一刮响哗楞。
玲珑塔,塔玲珑,一数数到大天明。
高高山上一小庙儿,里边住了一个神道儿,
头上戴了一顶乌纱帽儿,身上穿了一件蓝布罩儿,
腰里头系着一根草药儿,足底下蹬着那双靴皂儿,
眼睛好像铜泡儿,耳朵好像扇套儿,
鼻子好像钉锦儿,他的小嘴像个火灶儿。
四个小鬼儿抬轿儿,前边来了一个胡闹儿,
一跪跪在了当道儿,说人家都有那怀抱儿,
怎么我就没有这怀抱儿,三天给了我怀抱儿,
我化斋精心修庙儿,三天不给我的怀抱儿,
我拆了你的小庙儿。
这才吓坏了神道儿,正了一正乌纱帽儿,

抖了一抖蓝布罩儿,紧了一紧草药儿,
蹬了一蹬靴皂儿,叽咕叽咕铜泡儿,
呼扇呼扇扇套儿,呱嗒呱嗒钉锦儿,
叭叽叭叽火灶儿,吓得那四个小鬼儿不敢抬轿儿。

## 第五部分 语流音变篇

读准普通话的声母、韵母、声调,是学好普通话最基本的要求。但是,只达到这一步,还不能自然地说话或朗读。因为,虽然汉语的每一个字都有固定的读法,但是人们在说话或诵读时发出的一连串音节,由于音节与音节、音素与音素、声调与声调的相互影响会发生变化,这就产生了音变现象。这种音变现象虽是普通话中的自然现象,但如不掌握其中的音变规律,说出的普通话就会让人觉得生硬、别扭,有时还会影响意思的准确表达。所以,我们要掌握普通话的语音,要准确读出每个音节的声、韵、调就必须注意它的音变,有意识地进行音变训练。此外,语流音变往往还与稿件内容的感情色彩有联系,我们更应灵活地掌握和运用。

　　普通话的音变现象,主要表现在变调、轻声、儿化和"啊"的变读四个方面。要想把普通话说得自然、流利、准确、传情,就应根据表达的需要,恰当处理好普通话的这几种音变形式。

# 变调练习

音节连续发出时,其中有的音节的调值会受后边的音节声调的影响发生一定的变化,这就是变调。

普通话上声音节、去声音节,在音节连续中常常因声调与声调的相互影响而产生明显的变调现象。

(一)上声变调规律

上声字单念或在词语的末尾时,不变调,但它出现在其他音节的前边,将发生变调现象。

①上声字在上声字的前面,前边的上声字的声调变得近似阳平,调值由214变为35,即:

上声+上声——→阳平+上声

如:简短、饱满、古老。

②上声字在阴平、阳平、去声字之前,变成半上,调值由214变为21,不再是先降后扬的调子,而是下降后不再扬起来,即:

上声+阴平——→半上(21)+阴平

如：水晶、体贴、广播。

上声+阳平──→半上(21)+阳平

如：满足、场合、感觉。

上声+去声──→半上(21)+去声

如：古代、理论、晚会。

③上声字在轻声字之前，一般变成半上。

如：稳当、水灵、口气。

如果后边轻声字是由上声变来的，那么前边的上声字就有两种变法，有的变成半上，如影子、耳朵；有的变成阳平，如打扫、老虎、可以。

### (二)去声变调规律

两个去声连续时，前一个去声变为半去，调值由51变为53，其他场合不变调，即：

去声+去声──→半降+去声

如：彻夜、论证、预报。

### (三)"一""七""八""不"变调规律

这四个字原来都是入声字，在普通话里，单用时读为 yī qī bā bù，连续发音时，这四个字不仅出现变调，而且变化比较特殊。

(1)"一""不"的变调

①"一""不"单念或在词语末尾时，读本调，"一"读

阴平,"不"读去声。

如:统一、第一、不、我不。

②"一""不"在去声字前变为阳平。

如:一定、一共、不论、不变。

③在阴平、阳平、上声字前,"一"变为去声,"不"读本调(去声)。

在阴平字前:一生,一心,不安,不甘;

在阳平字前:一年,一条,不平,不行;

在上声字前:一把,一笔,不满,不巧。

④"一""不"夹在重叠动词或其他词语当中读轻声。

如:想一想、试一试;差不多、了不起。

(2)"七""八"的变调

①"七""八"在单念、词语末尾、阴平、阳平、上声字前都念本调(阴平)。

如:第七、七绝;八方、八种。

②"七""八"在去声字前,可以读阴平,也可以读阳平。

如:七月、七岁;八次、八月。

## 老僧念经

一个老僧一本经,一句一行念得清。

不是老僧爱念经,不会念经当不了僧。

老僧念经

## 练投篮

打南边来了两队篮球运动员,
一队是穿蓝的男篮运动员,
一队是穿绿的女篮运动员,
两队篮球运动员一起练投篮,
不怕累、不怕苦,努力练投篮。

## 不怕不会

不怕不会,就怕不学,
一回学不会再来一回,
一直到学会,我就不信学不会。

## 三个人一齐出大力

一二三,三二一,
一二三四五六七,七六五四三二一。
一个姑娘来摘李,一个小孩儿来摘栗,
一个小伙儿来摘梨,三个人一齐出大力,
收完李子、栗子、梨,一起拉到市上去赶集。

三个人一齐出大力

## 天上七颗星

天上七颗星,树上七只鹰,

梁上七只钉,台上七盏灯。
拿扇扇了灯,用手拔了钉,
举枪打了鹰,乌云盖了星。

## 交公粮

王老汉手拿一根不长不短的鞭子,
赶着一辆不新不旧的大马车,
拉着满车只多不少的公粮,
奔驰在一条不宽不窄的大道上,
到了粮库门口,
他不慌不忙地停下了那辆不新不旧的大马车,
不声不响地放下了那根不长不短的鞭子,
不遗余力地扛起一包一包的公粮,
不高不低地哼着丰收小调儿,
把只多不少的公粮,
送进了国家的大粮仓。

## 白老八

白老八门前栽了八棵白果树,
从北边来了八个白八哥儿,
白老八拿了八个巴达棍儿,
要打八个白八哥儿。

八个白八哥儿,落在八棵白果树上。
不知道白老八是打着了八个白八哥儿,
还是打着了八棵白果树?

## 一心一意

干什么工作都要一心一意,表里如一,
言行一致,埋头苦干。
情绪不能一高一低,一好一坏,
一落千丈,一蹶不振。

## 拔萝卜

初八十八二十八,八个小孩儿把萝卜拔。
你也拔,我也拔,看谁拔得多,看谁拔得大。
你拔得不多个儿不小,我拔得不少个儿不大。
一个萝卜一个坑儿,算算多少用车拉,
一个加俩,俩加仨,七十二个十八,
拿个算盘打一打,一百差俩九十八。

# 儿化练习

儿化是普通话的主要语音现象。

普通话里,好些词儿都常出现音节儿化的现象,也就是说,语词里字音的韵母因为卷舌作用而发生音变的现象,称作儿化。儿化了的韵母,就叫"儿化韵",在韵母后边加 r 表示儿化韵。儿化后的字音仍是一个音节,但带儿化韵的音节一般用两个汉字书写。

如:yúr(鱼儿)xiāoháir(小孩儿)

在普通话里,儿化具有区别词义、区分词性,以及附加某种词义或色彩的作用。

"一点"yī diǎn(时间);

"一点儿"yī diǎnr(少量)

"盖"gài(动词)

"盖儿"gàir(名词)

## (一)儿化韵读法

儿化韵的读法是:在韵母发音的同时,把舌尖向上卷起。儿化韵的发音与原韵母比较,虽有变化大小的区别,但都应在卷舌动作的过程中完成,不能先卷舌后发音。

普通话里除 er 韵、ê 韵(只一个字音)外,所有的韵母都可以儿化。有些不同的韵母经过儿化后,发音变得相同了,所以普通话 39 个韵母只有 26 个儿化韵。现在把 26 个儿化韵的读法和写法列出,供练习。

|  | 原韵母 | 儿化韵 | 写法 | 例词 |
| --- | --- | --- | --- | --- |
| 1 | a、ai、an | ar | ar、air、anr | 把儿、盖儿、伴儿 |
| 2 | ia | iar | iar | 家儿 |
| 3 | ua、uai、uan | uar | uar、uair、uanr | 花儿、块儿、玩儿 |
| 4 | üan | üar | üanr | 园儿 |
| 5 | o | or | or | 沫儿 |
| 6 | uo | uor | uor | 活儿 |
| 7 | ao | aor | aor | 道儿 |
| 8 | iao | iaor | iaor | 票儿 |
| 9 | -i、ei、en | er | -ir、eir、enr | 丝儿、枝儿、杯儿、根儿 |
| 10 | i、in | ier | ir、inr | 鸡儿、信儿 |
| 11 | uei、uen | uer | uir、unr | 穗儿、棍儿 |
| 12 | ü、ün | üer | ür、ünr | 驴儿、裙儿 |
| 13 | e | er[ε] | er | 歌儿 |
| 14 | ie | ier[iεr] | ier | 街儿 |

续表

| | 原韵母 | 儿化韵 | 写法 | 例词 |
|---|---|---|---|---|
| 15 | üe | üer[yɛr] | üer | 靴儿 |
| 16 | u | ur | ur | 珠儿 |
| 17 | ou | our | our | 兜儿 |
| 18 | iou | iour(iur) | iur | 妞儿 |
| 19 | ang | ãr | angr | 缸儿 |
| 20 | iang | iãr | iangr | 羊儿 |
| 21 | uang | uãr | uangr | 筐儿 |
| 22 | eng | ẽr | engr | 绳儿 |
| 23 | ing | ĩr | ingr | 钉儿 |
| 24 | ueng | uẽr | uengr | 瓮儿 |
| 25 | ong | ũr | onger | 洞儿 |
| 26 | iong | ü ũr | iongr | 熊儿 |

值得注意的几点：

(1)广播语言，尤其在政治节目中，应尽量少用儿化。

(2)有区别词义和分辨词性作用的时候一定要儿化，该儿化而不儿化就会产生误会。

(二)儿化练习

## 练字音儿

进了门儿，倒杯水儿，

喝上两口儿运运气儿，

练字音儿

顺手拿起小唱本儿,
唱一曲儿,又一曲儿,
练完了嗓子我练嘴皮儿。
绕口令儿,练字音儿,
还有单弦儿牌子曲儿,
小快板儿,大鼓词儿,
越说越唱我越带劲儿。

## 盆儿和瓶儿

盆儿碰瓶儿,瓶儿碰盆儿。
盆儿碰掉瓶儿的嘴儿,
瓶儿碰掉盆儿的底儿。
盆儿叫瓶儿赔盆儿的底儿,
瓶儿叫盆儿赔瓶儿的嘴儿。

## 学画画儿

小小子儿,不贪玩儿。
画小猫儿,钻圆圈儿;
画小狗儿,蹲小庙儿;
画小鸡儿,吃小米儿;
画个小虫儿,顶火星儿。

## 小马驹儿

枣红马,白头心儿,生了一个小马驹儿。

小马驹儿,咴儿咴儿咴儿,围着爷爷兜圈子儿。

爷爷筛草又拌料,我给小马驹儿端豆汁儿。

小马驹儿呀,小马驹儿,快快长呀快快长。

长上一身好力气儿,拉车种地送公粮,

建设祖国新农村儿。

## 小女孩儿

小女孩儿,红脸蛋儿,

红头绳儿,扎小辫儿,

黑眼珠儿,滴溜溜儿转,

手儿巧,心眼儿好,

会做袜子会做鞋儿。

能开地儿,能种菜儿,

又会浇花儿又做饭儿。

## 吃仁儿不吃皮儿

吃仁儿不吃皮儿,吃皮儿不吐仁儿。

嗑下皮儿,吃了仁儿,吃了仁儿,吐了皮儿。

皮儿吐了一堆儿,一堆皮儿没仁儿。

## 一个老头儿

一个老头儿,上山头儿,
砍木头,砍了这头儿砍那头儿。
对面儿来了个小丫头儿,
给老头儿送来一盘儿小馒头儿,
没留神撞上一块大木头,
栽了一个小跟头儿,
撒了一地小馒头儿。

## 编花篮儿

大热天儿,挂竹帘儿,
歪脖树下五个小妞儿编花篮儿,
大妞儿编了个绿花篮儿,
二妞儿编了个红花篮儿,
三妞儿编了个黄花篮儿,
四妞儿编了个带蓝点儿的白花篮儿,
五妞儿编了个不大不小、红底儿、黄边儿的彩花篮儿。

## 一条裤子七道缝儿

一条裤子七道缝儿,横缝儿上面有竖缝儿,

缝了横缝儿缝竖缝儿,缝了竖缝儿缝横缝儿。

## 小碗碗儿

一个小孩儿叫小兰儿,挑着小桶儿上庙台儿。
摔了个跟头儿,捡了个钱儿。
又打醋儿,又买盐,还买了个小碗碗儿。
小碗碗儿,真好玩儿,没有边儿,没有沿儿,
中间有个小眼眼儿。

## 上小镇儿

二月二,上小镇儿,
买根烟袋儿不通气儿,
回来看看是根棍儿。

## 眼皮儿

上有上眼皮儿,下有下眼皮儿。
左眼上眼皮儿打左眼下眼皮儿,
右眼上眼皮儿打右眼下眼皮儿。
左眼上眼皮儿打不着右眼下眼皮儿,
右眼下眼皮儿打不着左眼上眼皮儿。
左眼下眼皮儿打不着右眼上眼皮儿,

右眼上眼皮儿打不着左眼下眼皮儿。

## 找玩意儿

砰砰砰,小狗回家来拿盆儿,
盆里放着小玩意儿,玩意儿送给小金鱼儿,
金鱼儿一接没接着,一掉掉到水缸底儿,
找来找去找不着,缸底净是石头子儿,
就是没有小玩意。

## 两间小门脸儿

你别看就那么两间小门脸儿,你别看屋子不大点儿,
你别看设备不起眼儿,可售货员的服务贴心坎儿。
有火柴、有烟卷儿、有背心儿、有裤衩儿,
有手电、蜡烛、盘子、碗儿,有刀子、勺子、小饭铲儿。
起早儿贪晚儿,买什么都在家眼前儿。

## 大小马路分七段儿

咱这里大小马路分七段儿,九条胡同十道弯儿。
工厂、机关占一半儿,还有中学、小学、幼儿园儿,
二十个商业服务点儿,仁医院来俩剧团儿,
一共是三百一十所楼房和大院儿。

## 白胡子老头儿

打南边来了个白胡子老头儿,

手里拄着倍儿白的白拐棒棍儿。

## 白兔儿和白豆儿

东家孩子叫白狗儿,西家孩子叫白虎儿,

白狗儿好种白豆儿,白虎儿爱养白兔儿。

一天西家白虎儿的白兔儿,

踏倒东家白狗儿的白豆儿,

白虎儿赶来抓白兔儿,白狗儿忙去护白豆儿。

白虎儿看看白狗儿,白狗儿看看白虎儿.

白狗儿护住白豆儿,白虎儿逮回白兔儿。

## 小杂货摊儿

我们那儿有个王小三儿,

在门口儿摆着一个小杂货摊儿,

卖的是酱油、火柴和烟卷儿、草纸,

还有关东烟儿,

红糖、白糖、花椒、大料瓣儿,

鸡子儿、挂面、酱、醋和油盐儿,

冰糖葫芦一串儿又一串儿,
花生、瓜子儿还有酸杏干儿。
王小三儿,不识字儿,
算账、记账他净闹稀罕事儿,
街坊买了他六个大鸡子儿,
他就在账本上画了六个大圆圈儿。
过了两天,人家还了他的账,
他又在圆圈儿上画了一大道儿,
可到了年底他又跟人家去讨账钱儿,
鸡子儿的事早就忘到脑后边儿,
人家说:"我们还了账",
他说人家欠了他一串儿糖葫芦儿,
没有给他钱儿。

## 小哥俩儿

小哥俩儿,红脸蛋儿,
手拉手儿一块儿玩儿。
小哥俩儿,一个班儿,
一路上学唱着歌儿。
学造句,一串串儿,
唱新歌儿,一段段儿,
学画画儿,不贪玩儿。

画小猫儿,钻圆圈儿,
画小狗儿,蹲庙台儿,
画只小鸡儿吃小米儿,
画条小鱼儿吐水泡儿。
小哥俩儿,对脾气儿,
上学念书不费劲儿,
真是父母的好宝贝儿。

# 轻声练习

普通话每个音节都有自己的声调,可是在词或句子里,有些音节因受前面音节的影响,往往失去原有的声调,变为一种又轻、又短的调子。如"棉花""点心",这些词的第二个音节,在普通话里便都念轻声。

轻声在普通话里具有区分词性和区别词义的作用。如：lì hai 利害（形容词）,同"厉害"；lì hài 利害（名词）,指益处和害处。

念轻声的音节,很明显地使人觉察到它在声调上的变化,实际上,轻声音节在声、韵、调方面都有所变化,只不过声调变化比较突出、明显罢了。

轻声,念高调、平调,高度在 4 度左右,接近于阴平的高度,如"喇叭""好吧"。

轻声音节在语言中不得含混,气息仍在控制范围内,并尽量保持原韵母中的音色。如晚上（shang）,不得读作晚上（sheng）。

## (一)轻声读法

发轻声时,气流较弱,对发音器官的冲击力较小,声带和其他发音部位是松弛状态,声音轻短且模糊。

具体的念法:阴平、阳平、去声后面的轻声,都念低调、降调,如用"五度制标记法"来描写,高度相当于2度左右;如"桌子""房子""帽子";上声后面的音节在什么条件下念轻声,现在还无法用几句话完全加以概括。规律性很强的轻声音节,常见的有以下几种:

(1)结构助词"的、地、得",时态助词"了、着、过",以及语气助词"吗、呢、吧、啊"等,都念轻声。

(2)趋向动词,如"拿来"的"来","送去"的"去","站起来"的"起来","走出去"的"出去",都一律念轻声。不过,当动词与趋向动词之间有"得、不"时,趋向动词不念轻声,"得、不"念轻声。例如,"说得出","说不出",这时的"出"不念轻声,"得、不"念轻声。

(3)不少名词,由后加虚词素"子""头"构成,这些虚词素绝大多数念轻声,如"刀子、鞋子、杯子、念头、甜头、苦头"等。

(4)叠音的名词,如"妈妈、哥哥、弟弟、姐姐、妹妹"等,末尾的音节一般都念轻声。

(5)动词重叠,如"看看、听听、试试、分析分析、讨论讨论"等,重叠的音节都念轻声。不过,当单音节的动词重叠,而中间嵌入"一"时,如"看一看""试一试","一"念轻声,重叠部分不再念轻声。

(6)少数单纯的方位词,如"上、里",附在其他词语的后边时,念轻声,例如,"墙上、课堂上、组织上"的"上","屋里、家里、箱子里"的"里"。合成的方位词,有不少是由后加"边、面、头"合成的,如上边、上面、上头,前边、前面、前头",其中的"边、面、头"一般念轻声。

此外,还有不少双音节词的第二个音节,普通话也念轻声。这是语言的约定俗成,需要随时留心去掌握。

(二)轻声练习

### 郭伯伯

郭伯伯,买火锅,带买墨水和馍馍。
墨水馍馍装火锅,火锅磨得墨瓶破。
伯伯回家交婆婆,婆婆掀锅拿馍馍。
墨色馍馍满火锅,婆婆坐着默琢磨:
莫非是摩登产品外国货?

郭伯伯

### 胡子和驼子

有个胡子,骑着骡子,
有个驼子,挑担螺蛳,

胡子的骡子，撞翻了驼子的螺蛳，
挑螺蛳的驼子，拦住了骑骡子的胡子，
要胡子赔螺蛳；
胡子下了骡子，向驼子赔了个"不是"，
又替驼子拣起了螺蛳，
驼子挑起了螺蛳，又扶着胡子上了骡子。

## 瞎子和哑巴

瞎子吹喇叭，哑巴摸蛤蟆，
哑巴听不见瞎子吹的喇叭，
瞎子也看不见哑巴摸的蛤蟆。

## 秃丫头

从南来了个秃丫头，胳膊上挎着个破笆斗，
里头有堆羊骨头，伸手拿骨头，
送在口里啃骨头。
地下有块破砖头，绊倒了秃丫头，
撒了一地羊骨头。

秃丫头

## 喇嘛和哑巴

打南边儿来了个喇嘛，手里提拉着五斤鳎目；

打北边儿来了个哑巴,腰里别着个喇叭。
南边儿提拉鳎目的喇嘛,
要拿鳎目换北边儿别喇叭的哑巴的喇叭,
哑巴不乐意拿喇叭换提拉鳎目的喇嘛的鳎目,
喇嘛非要拿鳎目换别喇叭的哑巴的喇叭。
喇嘛抡起鳎目抽了别喇叭的哑巴一鳎目,
哑巴摘下喇叭打了提拉鳎目的喇嘛一喇叭。
也不知是提拉鳎目的喇嘛抽了别喇叭的哑巴几鳎目,
还是别喇叭的哑巴打了提拉鳎目的喇嘛几喇叭。
只知道,喇嘛炖鳎目,
哑巴嘀嘀嗒嗒吹喇叭。

## 天上日头

天上日头,嘴里舌头,
地上石头,桌上纸头。
大腿骨头,小脚趾头,
树上枝头,集上市头。

## 小铁头、小柱头

小铁头,小柱头,
学习英雄有劲头;
放学后,抬砖头,

跑了东头跑西头；
抬砖头，几筐头，
送到猪场砌墙头。
墙头高，过人头，乐得他俩直点头，
人人夸："小哥俩，集体装在心里头。"

## 小车拉石头

大车拉小车，小车拉石头，
石头掉下来，砸了小脚趾头。

## 屋子里有箱子

屋子里有箱子，箱子里有匣子，
匣子里有盒子，盒子里有镯子；
镯子外面有盒子，盒子外面有匣子，
匣子外面有箱子，箱子外面有屋子。

## 剪子和铲子

剪子是剪子，铲子是铲子。
剪子不是铲子，铲子不是剪子。
剪裤子用剪子不用铲子，铲石子用铲子不用剪子。
剪子剪不动石子，剪子剪石子剪坏剪子；

铲子铲不住裤子,铲子铲裤子铲破裤子。

剪子是剪子,铲子是铲子。

剪子替不了铲子,铲子替不了剪子。

用剪子剪裤子,用铲子铲石子,

剪子、裤子,裤子、剪子。

铲子、石子,石子、铲子。

## 桃子李子栽满院子

桃子、李子、梨子、栗子、橘子、柿子、槟子、榛子,栽满院子、村子和寨子。

刀子、斧子、锯子、凿子、锤子、刨子和尺子,做出桌子、椅子和箱子。

## 燕子

我家小院子,住着小燕子,

春天燕子飞进院子,秋天燕子飞出院子。

## 打南边儿来了个瘸子

打南边儿来了个瘸子,手里托着个碟子,

碟子里装着茄子。

地下钉着个橛子,绊倒了这个瘸子,

撇了碟子里的茄子,气得瘸子撇下了碟子,
拔了橛子,踩了茄子。

## 小兔子开铺子

小兔子,开铺子。
开开铺子:一张小桌子,两把小椅子,
三根小绳子,四只小匣子,
五管小笛子,六条小棍子,
七个小盘子,八颗小豆子,
九本小册子,十双小筷子。

## 忘了鞋子

一个小孩子,拿双鞋子,
看见茄子,放下鞋子,
拾起茄子,忘了鞋子。

## 聋子、笼子、虫子

聋子提笼子,笼子装虫子,
虫子咬笼子,聋子捉虫子。

## 鸭子吃辣子

河东头有个瞎子,养了一群鸭子。

河西头有个麻子,种了两亩地的辣子。
河东头瞎子养的鸭子,偷吃了河西头麻子种的辣子,
河西头麻子种的辣子,辣坏了河东头瞎子养的鸭子。
瞎子怨麻子的辣子辣鸭子,麻子怪瞎子的鸭子吃辣子。

# "啊"的音变练习

用于句中或句末的语气助词"啊",受它前一音节收尾音素的影响,往往产生同化、增音现象,发生种种语音上的变化。这种变化,反映到书面上,除可以仍写作"啊"外,通常还将"啊"按其音变相应地分写为"呀、哇、哪"等。具体变音情况如下:

(一)变音要领

1. 前面是 a、o、e、ê、i、ü 的时候,读"ya",写作"呀"。例如:

好大呀! dàya 不多呀! duōya

写呀! xiěya

2. 前面是 u(o) 的时候,读"wa",写作"哇"。例如:

好书哇! shūwa 好哇! hǎowa

3. 前面是 -n 的时候,读"na",可写作"哪"。例如:

天哪! tiānna 好准哪! zhǔnna

4. 前面是 -ng 的时候,读"nga",仍写作"啊"。

例如:

唱啊! chàngnga 行啊! xíngnga

5. 前面是-i(前)的时候,读"za",仍写作"啊"。

例如:

写字啊! zìza 无私啊! sīza

6. 前面是-i(后)的时候,读"ra",仍写作"啊"。

例如:

太迟啊! chíra 好诗啊! shíra

语气助词"啊"的音变规律,用图表可概括如下:

| "啊"前一音节末一音素 | "啊"的变化 | "啊"的写法 |
| --- | --- | --- |
| a、i、ü、o、e、ê | a→ia | 呀 |
| u(包括 ao、iao) | a→ua | 哇 |
| n | a→na | 哪 |
| ng | a→nga | 啊 |
| i[ʅ]er | a→ra | 啊 |
| i[ŋ] | a→[za] | 啊 |

(二)音变练习

**谁呀**

拍、拍、拍!

谁呀? 张果老哇!

谁呀

怎么不进来呀？怕狗咬哇！
衣兜里装着什么呀？大酸枣哇！
怎么不吃啊？怕牙倒哇！
胳肢窝里夹着什么呀？破棉袄哇！
怎么不穿上啊？怕虱子咬哇！
怎么不叫你老伴拿呀？老伴儿死了。
你怎么不哭哇？
盆哪，罐哪，我的老伴儿啊！

## 货物真丰富啊

菜市场的货物真丰富，
鸡啊(ya)、鸭啊(ya)、鱼啊(ya)，
肉啊(wa)、盐啊(na)、酱油啊(wa)，
醋啊(wa)，
生的熟的应有尽有。

## 孩子真可爱啊

这些孩子啊(za)，真可爱啊(ya)，
你看啊(na)他们多高兴啊(nga)。
又是作诗啊(ra)，又是吟诵啊(nga)，
又是画图画啊(ya)，又是剪纸啊(ra)，
又是唱啊(nga)，又是跳啊(wa)……

孩子真可爱啊

啊！他们多幸福啊(wa)！

## 一块儿来啊

鸡呀，鸭呀，猫哇，狗哇，一块儿水里游哇！
牛哇，羊啊，马呀，骡呀，一块儿进鸡窝呀！
狼啊，虫啊，虎哇，豹哇，一块儿上街跑哇！
兔哇、鹿哇、鼠哇、孩儿啊，一块儿上窗台儿啊！

# 第六部分 吐字归音篇

在有声语言中，播音员、主持人要想准确、鲜明、生动地传情达意，必须充分重视吐字归音这一环节。

吐字归音是中国说唱艺术特有的一种发声手段，也是播音员、主持人一项重要的基本功。借助绕口令进行吐字归音训练，可使声音准确、清晰、有力，有效地提高口语表达水平。

【理论要点】

吐字是对字头发音的要求，归音是对字腹尤其是字尾的发音要求。吐字归音，总的要求是：咬住字头、发响字腹、收全字尾。

字头一般指声母和介音。发音时要有力量，摆准部位，蓄足气流、干净利落、富有弹力。要用这一阶段的力量去增强字腹和字尾的响度，使声音放出去，传得远。出字时我们强调"叼"的感觉，而不能把吐字归音的"吐"简单地理解为"喷吐"，从而过分强调外向力。

字腹要拉开立起。在字头轻轻弹出后，口腔随着字腹的到来而拉开到适当开度，感觉字音随上颚的提起而"立"起来。对字腹的处理影响到字音的圆润、饱满。要达到"吐字如珠"的要求，字腹起相当大的作用。

字尾指韵母的韵尾,是字音的收尾部分,归音主要指这个收音过程,收音时必须注意唇和舌的位置要到家。i 做韵尾时,舌位要提高到一定高度;u 做韵尾时,唇形应拢起,收圆;n 做韵尾时,舌尖要收到上齿龈;ng 做韵尾时,舌根应收到软、硬腭交界处。总之,要收得干净利落,不可拖泥带水,也不可草草收束。

总之,字头、字腹、字尾是字音的三个结构部分,是不可分割的整体。练习时要注意把它们联系起来,从字头滑到字腹,再滑到字尾,形成一个"枣核形"的整体。在滑动过程中,又力求各部分都表现清楚,做到出字要部位准确,弹发有力;立字要拉开立起,圆润饱满;归音趋向要鲜明、干净利索。

吐字的综合感觉可归纳为五个字:拢、弹、滑、挂、流。

拢——指发音有关部位着力点向纵中部集中;

弹——指吐字的灵活轻快;

滑——指吐字过程中口腔(主要是唇舌)的滑动感;

挂——指字音"挂"于硬腭前部的感觉;

流——指字音向前流动的感觉。

【发声条件】

要使字音清晰、圆润、响亮,必须正确掌握吐字归音的先决条件:

(1)打开牙关:打开牙关指打开上下后槽牙,呈

"前⊃后"型,其目的在于使字音取得丰富的口腔共鸣,声音通畅圆润。

(2)提起颧肌:可加强口腔前部的共鸣作用及唇中部的力量,使声音明亮,唇部撮合有力。

(3)挺软腭:可用"半打哈欠"或发"好"(hǎo)音来体会,有利于传导胸腔和咽腔共鸣,使声音宽厚、结实。

(4)下颌放松:可有效地避免舌根和咽部肌肉紧张,自己会感到声音由上唇以上发出,轻松自如、干净明亮。

(5)力量集中:咬字器官在发音过程中应将力量集中于各部位的中点、中线附近。如:将双唇力量集中于双唇中央附近;舌的力量集中于舌面中纵线附近等。

综上所述,这些动作在发音过程中的综合感觉是"开口如半打哈欠,闭口如啃苹果",声音沿硬腭中纵线推出,字音好像被"挂"在硬腭前部,集中、圆润、明朗。

【练习提示】

读下面的绕口令,进行吐字归音综合训练,要求咬住字头、读响字腹、收好字尾,同时注意鼻辅音的收音,并读准声调,做到声音清晰响亮。

# 吐字归音练习

## 蓝布棉门帘

出前门,往正南,有个面铺面冲南,
门口挂着蓝布棉门帘,摘了他的蓝布棉门帘,
面铺面冲南,给他挂上蓝布棉门帘,
面铺还是面冲南。

蓝布棉门帘

## 倒草

倒草倒掉稻,草倒稻也倒。
倒草别倒稻,倒稻别倒草。

## 学习就怕满、懒、难

学习就怕满、懒、难,心里有了满、懒、难,
不看不钻就不前。心里去掉满、懒、难,

永不自满,边学边干,蚂蚁也能搬泰山。

## 白家伯伯

北岔坡上白家有个伯伯,
家里养着一百一十八只白鹅,
门口种着一百一十八棵白果,
树上住着一百一十八只八哥。
八哥在白果树上吃白果,
白鹅气得直叫:我饿!我饿!

## 颠倒话

石榴树,结樱桃,杨柳树上结辣椒。
吹着鼓,打着号,抬着大车拉着轿。
木头沉水底,石头上边飘,小鸡叼了个饿老鹰,
老鼠捉了个大花猫。
说的都是颠倒话,你说可笑不可笑。

颠倒话

## 扇扇子

有风时不扇扇子,没风时要扇扇子,
不扇扇子是有风,扇扇子时是没风,
不扇扇子没有风,扇扇子时是有风。

## 鼓玻璃柜

鼓玻璃柜,扁玻璃柜,
鼓玻璃柜比扁玻璃柜鼓;
扁玻璃柜,鼓玻璃柜,
扁玻璃柜比鼓玻璃柜扁。

## 盆碰瓶

桌上放个盆,盆里放着瓶,
乒乒乒,乓乓乓,不知是瓶碰盆,
还是盆碰瓶。

## 篮和镰

有个同学叫李兰南,手里拿着篮和镰,
镰打猪草放进篮,猪草满篮放下镰。
镰和篮、篮和镰,篮镰成了李兰南的小伙伴。

## 小妞妞放牛

小妞妞,来放牛,大牛小牛整六头,
六头牛,牛六头,大牛犄角顶小牛,
大牛顶坏了小牛的头,急坏了放牛的小妞妞,妞妞热爱社里的牛,不让大牛顶小牛。

## 碾面、捶蒜

碾子碾面,锤子捶蒜。

碾子碾白面,锤子捶紫蒜。

碾子碾面面拌蒜,锤子捶蒜蒜拌面。

## 顾老五

村里有个顾老五,穿上新裤去卖谷,

卖了谷,买来布,外加一瓶老陈醋。

背背布,手提醋,老五急忙来赶路,

走了一里路,看见一只兔,

老五放下布和醋,糊里糊涂去追兔,

挂破了裤,没追上兔,回来不见布和醋。

## 青柳条

青柳条,编簸箕,编好簸箕簸糯米。

簸飞糠,簸飞皮,飞糠飞皮不飞米。

## 服务部

早晚服务部,服务员好态度,

学习刻苦有觉悟,严肃认真不马虎。
货物架上的货物真丰富:
有烟酒、有油醋,有鞋袜、有衣裤,
有纸笔、有图书。
还有各式各样的红布、白布、蓝布,
青布、灰布、条绒平绒布,
什么苏绸、蜀缎、卡其布,
人造棉、的确良、线绨床单布。
要问货物有多少种?
有人顺路数了数,足足数了五百五十五遍五,
越数越糊涂,没有数清楚,
跷起拇指夸服务。


## 照葫芦画瓢

照葫芦画瓢,照老虎画猫,
老虎不像老虎,猫不像猫,
葫芦不像葫芦,瓢不像瓢;
还是照虎画虎,照猫画猫,
照葫芦画葫芦,照瓢画瓢。


## 豆和油

东邻有囤豆,西邻有篓油,

我家有只鸡,又有一条狗,
鸡啄了豆囤,豆囤漏了豆,
狗啃了油篓,油篓漏了油,
鸡不啄豆囤,豆囤不漏豆,
狗不啃油篓,油篓不漏油。

## 画荷花

华华爱画花,提笔画荷花,
荷花开得大,荷花像活花。

## 四十四只石狮子

四十四个石匠,凿了四十四只石狮子,
四十四个石匠凿完四十四只石狮子,
已经到了四四年四月十四日。

## 数花又数瓜

花花种丝瓜,天天数花又数瓜,
花花问华华,为啥有的开花又结瓜,
有的开花不结瓜。

## 绵羊白

东山上有个白鼻梁骨的绵羊,

西山上有个不白鼻梁骨的绵羊,
不知是那东山上的白鼻梁骨绵羊的身上白呢,
还是那西山上的不白鼻梁骨绵羊的身上白呢?

## 粗树和秃树

粗树粗,秃树秃,
粗树树粗树不秃,
秃树树秃树不粗。

## 两个女孩都穿红

昨日散步过桥东,看见两个女孩儿都穿红,
一个叫红粉,一个叫粉红,两个女孩儿都摔倒,
不知是粉红扶红粉,还是红粉扶粉红。

## 屋里点个灯

屋里点个灯,灯底下是个坑。
坑边上长棵葱,葱头上钉个钉,
钉上挂只鹰,鹰脖里挂张弓,
忽然刮了一阵风,刮灭了灯,
刮平了坑,刮倒了葱,

刮掉了钉,刮飞了鹰,
带走了弓。

## 石狮子涩柿子

山前有四十四棵死涩柿子树,
山后有四十四只石狮子。
山前的四十四棵死涩柿子树,
涩死了山后的四十四只石狮子。
山后的四十四只石狮子,
咬死了山前的四十四棵死涩柿子树。
不知是山前的四十四棵死涩柿子树涩死了山后的四
　　十四只石狮子,
还是山后的四十四只石狮子咬死了山前的四十四棵
　　死涩柿子树。

## 天上看,满天星

天上看,满天星,
地下看,有个坑,
坑里看,有盘冰。
坑外长着一老松,松上落着一只鹰,
松下坐着一老僧,僧前放着一部经,
经前点着一盏灯,墙上钉着一根钉,

钉上挂着一张弓。
说刮风,就刮风,刮得男女老少难把眼睁。
刮散了天上的星,刮平了地上的坑,
刮化了坑里的冰,刮倒了坑外的松,
刮飞了松上的鹰,刮走了松下的僧,
刮乱了僧前的经,刮灭了经前的灯,
刮掉了墙上的钉,刮翻了钉上的弓。
这是一个星散、坑平、冰化、松倒、鹰飞、僧走、经乱、灯灭、钉掉、弓翻的绕口令。

## 丫头打狗

闲暇无事大街走,打正南来了位油头粉面、
粉面油头十七大八的大丫头。
大丫头提个大箩头,
箩头里放着六十六个鸡蛋、鸭蛋、鹅蛋头,
外带六十六个大馒头。
大丫头提着箩头前头走,
打前头跑来个黑脖腔子,黑尾巴梢子,
黑四蹄子,黑眼珠子大黄狗。
打后边跑来个白脖腔子,白尾巴梢子,
白四蹄子,白眼珠子大黑狗。
两只狗正在往前走,抬头看见大丫头。

狗张狗嘴扬狗头,张嘴要咬大丫头。

大丫头低头瞅砖头,乒嚓嚓摔个大跟头。

摔烂了六十六个鸡蛋、鸭蛋、鹅蛋头,

摔跑了六十六个大馒头。

黑狗黄狗抢馒头,这可忙坏了大丫头。

弯腰捡起烂砖头,烂砖砸向狗的头。

不知是狗头碰烂烂砖头,

还是烂砖头砸烂狗的头。

两只狗,结下仇,外头打到院里头。

院里放个烂油篓,忙用油篓打狗头。

不知是烂油篓套住狗的头,还是狗头套住烂油篓。

两只狗,结下仇,院里头打到屋里头。

墙上挂个马笼头,忙用马笼头打狗头。

不知是马笼头套住狗的头,还是狗头套住马笼头。

隔壁住着刘老头,他盖了六十六座琉璃楼。

楼下看,立六十六条榆木大车轴。

轴上看,拴六十六条滚瓜溜圆翻肥肥翻的大犍牛。

楼上看,放六十六篓芝麻好香油。

篓上看,放六十六匹斜纹缎子绸。

绸上看,卧六十六个长毛长腿狮子狗。

楼顶上看,拴六十六个红眼红脸大马猴。

两只狗,齐上楼,惊了牛,碰倒楼,

打倒轴,带倒篓,撒了油,油了绸,
跑了狗,走了猴。
刘老六,老六刘,快拴牛,快盖楼,
快立轴,快扶篓,快收油,快晾绸,
快叫狗,快逮猴,忙坏老刘和丫头。
拴不住六十六条滚瓜溜圆翻肥肥翻的大犍牛,
盖不起六十六座琉璃楼,立不起六十六个榆木大车轴,
扶不起六十六个大油篓,收不起六十六篓芝麻好香油,
晾不干六十六匹斜纹缎子绸,
叫不住六十六个长毛长腿狮子狗,
逮不住六十六个红脸红眼大马猴。
刘老头生气吃馒头,大丫头生气摔笋头。
二人发誓举拳头,再也不养狗和猴。

# 第七部分

## 用气发声篇

播音员、主持人的用声特点,决定了对气息要有持久的控制能力,尤其是播音员有时会面对长达几十分钟甚或一两个小时的稿件,要保持声音由始至终不减不衰,使声音能自如地表情达意,没有训练有素的气息控制难以得到符合要求的声音。

**【理论要点】**

气乃声之源。要学会控制声音,必须先学会控制气流,而气流主要靠呼吸获得,播音时的呼吸是区别于平时我们习惯用的胸部和腹部呼吸的,它常采用胸腹联合呼吸方式。实践证明,这种呼吸方式有效地减轻了声带负担,能增强有声语言的表达能力和艺术魅力。

胸腹联合呼吸要领——

吸气时,两肩放松,嘴微闭,用鼻吸,做到快、静、深,将气吸至肺底。此时下肋向周围展开,横膈收缩下降,使胸腔得以扩大,同时腹部肌肉向丹田位置收缩,随着气的吸入量增加,感到腰带周围逐渐紧张;呼气时,仍保持腹肌向丹田收缩的力量,小腹仍不失收住的感觉,并且呼气时要做到匀、缓、稳,具有一定的控制能力。

胸腹联合式呼吸的突出特点是气下沉,两肋开、小腹收。

呼吸时应注意：吸气要吸得深，但不宜过满，过满势必急于呼出，失去控制的余地；呼气要呼得匀，并留有一定余地，不要忽强忽弱，忽慢忽快，忽大忽小，要按照说话的需要，有调节地均匀呼出。呼时气从胸腔向外运行，要走一条线，把气归拢在一起。

另外，切忌吸气时有意识地使腹部瘪缩，把气吸到上胸部，这样反而会感到"越想多吸气，气越不够使"。如果想检验一下自己是否把气吸到上胸去了，而没有沉下去，这时就要注意吸气时两肩不要上耸。

学会了呼吸，还要注意在播读稿件时合理运用它，尤其面对句子较长、结构复杂的广播稿件时，要将内容播得清楚完整，还要及时补气、偷气。也就是说，播音时要根据稿件的需要而进气，而且让人感觉不到进气的痕迹，做到字断气不断，意连气也连。这也是播音员要学会的用气技巧，即当需要补气时，小腹一收，两肋一张，气息便"自动"地经口鼻得到补充，补得及时才会用得从容。

当然，利用感情调节呼吸的运动方式是呼吸控制的高级阶段。但在训练过程中，只有通过较为长期的、有意识的呼吸训练，熟练掌握胸腹联合呼吸要领，才能达到自如境地。

鉴于此，下面介绍几种呼吸训练方法，供读者参考。

**【训练方法】**

(1)慢吸:想象你面前有一盆花,你凑近去深深一闻。在做这个闻的慢动作时,胸廓向前向上抬起,肋肌、腰肌向四周扩张。这时突然停住,保持这个状态,然后运用小腹的收缩慢慢把气呼出。反复练习,就能体会到胸腹联合式呼吸中胸肌和腹肌的协同作用。

(2)闻花——远处飘来花香,是什么花的味儿?此时,气吸得深入、自然、柔和,符合"兴奋从容两肋开"的要领。

(3)深深吸口气,模拟吹桌面上的灰尘。

(4)快吸:想象你突然受到惊吓,倒抽一口凉气,这就在极短的时间内完成了吸气动作。保持这个状态,再一点点放松,就能体会到这时支持呼吸的部位是横膈膜。

(5)半打哈欠——不张大嘴地打哈欠,进气最后一刻的感觉和胸腹联合式呼吸吸气最后一刻的感觉相近。

(6)吸足一口气,停1-2秒,然后出声数数,吐字要清晰、均匀,看谁能数过100。

(7)呼的感觉,犹如两手搬动重物时腹部的紧张感,保持这样的感觉,把气对外呼。

(8)快速呼吸。屏住呼吸一两秒钟,然后像喊突然发现远方走来的友人那样,两肋快速提起,迅速吸气,但动作不要让人明显觉察,气息在不知不觉中吸入肺部,之后再相当缓慢均匀地将气呼出。反复练习多次,这种练习主要是为了适应在说话间隙中快速换气的需要。

(9)丹田控制,腹肌弹动练习:

①吸气后弹发"1、2、3、4——"如喊操状。发声时丹田内弹,胸部外弹,气息弹到口腔前部。

②弹发"hà"音,先一声声慢发,逐渐加快,如京剧老生大笑状。

③弹发 hèi、yè、yà、huò,意识上让声音从背部送至口腔前部。

【练习提示】

采用绕口令进行呼吸训练,目的在于扩大胸腔容量,有效控制气息。注意吸气从容适度,要快而柔和,用鼻子而不用嘴,用嘴吸气的声音会给人以气喘吁吁的感觉;呼气要均匀、平缓,舒畅自如,切忌强制造作。

下面是几个训练长气的急口令,要求连续快读,一气呵成。但不可为了追求一气读完,便含糊、吃字,注意每一个音要发得清楚、准确。

# 用气发声练习

## 打枣

出东门,过大桥,大桥底下一树枣儿。
拿着杆子去打枣,青的多,红的少,
一个枣儿,两个枣儿,三个枣儿,四个枣儿,五个枣儿,
六个枣儿,七个枣儿,八个枣儿,九个枣儿,十个枣儿;
十个枣儿,九个枣儿,八个枣儿,七个枣儿,六个枣儿,
五个枣儿,四个枣儿,三个枣儿,两个枣儿,一个枣儿。
这是一个绕口令儿,一口气说完才算好。

打枣

## 数葫芦

南园一堆葫芦,结得嘀里嘟噜,
甜葫芦,苦葫芦,红葫芦,鼓葫芦,
好汉说不出二十四个葫芦,一个葫芦,
两个葫芦,三个葫芦,

数葫芦

四个葫芦,五个葫芦,
六个葫芦,……二十四个葫芦。

## 我骑驴

一个驴,我骑驴,
两个驴,驴骑我,
三个驴,我骑驴,
四个驴,驴骑我,
五个驴,我骑驴,
六个驴,驴骑我。

## 数青蛙

一只青蛙一张嘴,两个眼睛四条腿,
扑通一声跳下水;两只青蛙两张嘴,
四个眼睛八条腿,扑通、扑通跳下水;
三只青蛙三张嘴,六个眼睛十二条腿,
扑通、扑通、扑通跳下水。
……

## 一盆玫瑰两朵花

一盆玫瑰两朵花,三位姑娘都要掐,

四喜胡同里五个小娃娃,
拿了六块七角棱砖打着八仙庙里九棵树上的十只大老鸹。

## 数数

山上一只虎,林中一只鹿,
路边一头猪,草里一只兔,
还有一只鼠。
请你数一数,一、二、三、四、五,
虎、鹿、猪、兔、鼠。

## 谷秕子

一斗谷秕子,二斗谷秕子,
三斗谷秕子,四斗谷秕子,……
十斗谷秕子。

## 学算数

连算猫,学算数,连算数数一只猫,
一个猫头两只耳,一条猫尾四只脚。
连算猫,学算数,连算数数两只猫,
两个猫头四只耳,两条猫尾八只脚,

连算猫,学算数,连算数数三只猫,
三个猫头六只耳,三条猫尾十二只脚。

## 一个葫芦一个把一个蔓

蹲蹲葫芦,轧轧葫芦,
好汉一口气数不了二十四个葫芦,
一个葫芦一个把一个蔓,
两个葫芦两个把两个蔓,
三个葫芦三个把三个蔓,
四个葫芦四个把四个蔓,
五个葫芦五个把五个蔓,
六个葫芦六个把六个蔓,
七个葫芦七个把七个蔓,
……
二十四个葫芦二十四个把二十四个蔓。

## 骆驼驮磨

一个骆驼驮两个磨,两个磨一个骆驼驮。
两个骆驼驮四个磨,四个磨两个骆驼驮。
四个骆驼驮八个磨,八个磨四个骆驼驮。
……

## 荷花和蛤蟆

两朵粉红大荷花,趴着两只活蛤蟆;
四朵粉红大荷花,趴着四只活蛤蟆;
六朵粉红大荷花,趴着六只活蛤蟆;
八朵粉红大荷花,趴着八只活蛤蟆,
活蛤蟆,叫呱呱,呱呱呱呱叫着爬上大荷花。

## 一个葫芦两块瓢

一口气数不了二十四个葫芦四十八块瓢,
一个葫芦两块瓢,两个葫芦四块瓢,
三个葫芦六块瓢,四个葫芦八块瓢,
五个葫芦十块瓢,六个葫芦十二块瓢,
七个葫芦十四块瓢,八个葫芦十六块瓢,
九个葫芦十八块瓢,十个葫芦二十块瓢,
十一个葫芦二十二块瓢,十二个葫芦二十四块瓢,
十三个葫芦二十六块瓢,十四个葫芦二十八块瓢,
十五个葫芦三十块瓢,十六个葫芦三十二块瓢,
十七个葫芦三十四块瓢,十八个葫芦三十六块瓢,
十九个葫芦三十八块瓢,二十个葫芦四十块瓢,
二十一个葫芦四十二块瓢,二十二个葫芦四十四块瓢,
二十三个葫芦四十六块瓢,二十四个葫芦四十八块瓢。

## 数旗

广场上,飘红旗,
看你能数多少面旗。
一面旗,两面旗,三面旗,
四面旗,五面旗,六面旗,
七面旗,八面旗,九面旗,
十面旗,十一面旗,十二面旗,
十三面旗……

# 数字绕口令练习

### 还是个一

一,一是个一;

一二,二一,还是个一;

一二三,三二一,二一,还是个一;

一二三四,四三二一,三二一,二一,还是个一;

一二三四五,五四三二一,四三二一,三二一,二一,还是个一。

### 多少罐

一个半罐是半罐,两个半罐是一罐;

三个半罐是一罐半,四个半罐是两罐;

五个半罐是两罐半,六个半罐是三满罐;

七个、八个、九个半罐,请你算算是多少罐。

多少罐

## 二大伯子家的二耷拉尾巴耳朵狗

南边来了他大大伯子家的大耷拉尾巴耳朵狗,
北边来了他二大伯子家的二耷拉尾巴耳朵狗。
他大大伯家的大耷拉尾巴耳朵狗,咬了他二大伯家的
　　二耷拉尾巴耳朵狗一口;
他二大伯家的二耷拉尾巴耳朵狗,也咬了他大大伯家
　　的大耷拉尾巴耳朵狗一口。
不知是他大大伯家的大耷拉尾巴耳朵狗,先咬了他二
　　大伯家的二耷拉尾巴耳朵狗;
还是他二大伯家的二耷拉尾巴耳朵狗,先咬了他大大
　　伯家的大耷拉尾巴耳朵狗。

## 三老子三小子三哥三嫂子

山上住着三老子,山下住着三小子,山腰住着三哥三
　　嫂子。
山下三小子,找山当腰三哥三嫂子,借三斗三升酸
　　枣子,
山当腰三哥三嫂子,借给山下三小子三斗三升酸
　　枣子。
山下三小子,又找山上三老子,借三斗三升酸枣子,
山上三老子,还没有三斗三升酸枣子,只好到山当腰

找三哥三嫂子,
给山下三小子借了三斗三升酸枣子。
过年山下三小子打下酸枣子,
还了山当腰三哥三嫂子,两个三斗三升酸枣子。

## 四和十

四和十,十和四,十四,四十,四十四。
四个四,四个十,四个十四,四个四十,四个四十四。
十个四,十个十,十个十四,十个四十,十个四十四。
十四个四,十四个十,十四个十四,十四个四十,十四个四十四。
四十个四,四十个十,四十个十四,四十个四十,四十个四十四。
四十四个四,四十四个十,四十四个十四,四十四个四十,四十四个四十四。

四和十

## 数狮子

公园有四排石狮子,
每排是十四只大石狮子,
每只大石狮子背上是一只小石狮子,
每只大石狮子脚边是四只小石狮子,
史老师领四十四个学生去数石狮子,

你说共数出多少只大石狮子和多少只小石狮子?

## 山上五棵树

山上五棵树,架上五壶醋,

林中五只鹿,箱里五条裤。

伐了山上的树,

搬下架上的醋,

射死林中的鹿,

取出箱中的裤。

## 柳老六

柳老六住在六号楼,

有一天,来了牛老六,牵了六只猴;

来了侯老六,拉了六头牛;

来了仇老六,提了六篓油;

来了尤老六,背了六匹绸。

牛老六、侯老六、仇老六、尤老六,

住上柳老六的六号楼。

半夜里,牛抵猴,猴斗牛,

撞倒了仇老六的油,油坏了尤老六的绸。

牛老六帮仇老六收起油,

侯老六帮尤老六洗掉绸上油,

拴好牛,看好猴,一同上楼去喝酒。

## 七个阿姨来摘果

一二三四五六七,
七六五四三二一。
七个阿姨来摘果,
七个篮子手中提。
七种水果分开摆,
苹果、桃子、石榴、柿子、李子、栗子、梨。

## 八座屋

八只小白兔,住在八棱八角八座屋。
八个小孩儿要逮八只小白兔,
吓得小白兔不敢再住八棱八角八座屋。

## 九个酒迷喝醉酒

九月九,九个酒迷喝醉酒。
九个酒杯九杯酒,九个酒迷喝九口。
喝罢九口酒,又倒九杯酒。
九个酒迷端起酒,"咕咚、咕咚"又九口。
九杯酒,酒九口,喝罢九个酒迷醉了酒。

## 三十三棵桑树

山前有三十三棵桑树,
山后有四十四棵枣树。
小孙分不清桑树和枣树,
把三十三棵桑树称作枣树,
把四十四棵枣树称作桑树。

## 六十六岁刘老六

六十六岁刘老六,
修了六十六座走马楼,
楼上摆了六十六瓶苏合油,
门前栽了六十六棵垂杨柳,
柳上拴了六十六个大马猴。
忽然一阵狂风起,
吹倒了六十六座走马楼,
打翻了六十六瓶苏合油,
压倒了六十六棵垂杨柳,
吓跑了六十六个大马猴,
气死了六十六岁刘老六。

## 八十八只八哥鸟

八十八老爷家门口有八十八枝大毛竹,
有八十八只八哥要求到八十八老爷家门口八十八枝
　　大毛竹上筑八十八个八哥窝。
八十八老爷不同意八十八只八哥在他家门口八十八
　　枝大毛竹上筑八十八个八哥窝,
八十八只八哥苦苦哀求八十八老爷开恩,同意八十八
　　只八哥在八十八老爷家门口八十八枝大毛竹上
　　筑八十八个八哥窝。

## 九十九头牛

九十九头牛,驮着九十九个篓,
每篓装着九十九斤油。
牛背油篓扭着走,油篓磨坏篓漏油。
九十九斤一个篓,还剩六十六斤油,
你说漏了几十几斤油?

## 八百八十八只骆驼

我家里有八百八十八只大公骆驼,
他家里有八百八十八只大母骆驼。

他家要用他家里的四百四十四只大母骆驼，
来换我家里的四百四十四只大公骆驼。
两家换完了，
他家成了八百八十八只大公母骆驼，
我家也成了八百八十八只大公母骆驼。
两家骆驼合在一起，
还是八百八十八只大公骆驼和八百八十八只大母
　　骆驼，
共合一千七百七十六只大公母骆驼。

# 主要参考书目

○徐世荣.普通话语音知识[M].北京:文字改革出版社,1980.

○王璐,白龙.播音艺术发声概论[M].哈尔滨:哈尔滨工业大学出版社,1990.

○华中师范学院中文系现代汉语教研室.现代汉语语音知识[M].武汉:湖北人民出版社,1974.

○聂敏熙.普通话语音知识[M].成都:四川人民出版社,1981.

○李扶乾.现代汉语语音[M].兰州:甘肃人民出版社,1985.

○张为纲.方音辨正[M].上海:上海教育出版社,1985.

# 后 记

播音员、主持人要形成准确优美的播音艺术语言，使其富于表现力和感染力，离不开科学系统的普通话语音理论的指导和持之以恒的发声训练。在本书编写过程中，力图将这两方面有机地结合起来，在每个语音点的绕口令练习前面，简明地阐释了每个语音点的理论要点、发声要领，并给出了练习提示，供读者在练习中揣摩。

练好绕口令，不是心血来潮之事，也不是一朝一夕可以奏效的，须踏踏实实，循序渐进，反复实践，在理解了内容的基础上去练，在感受到其中的滋味后再练。否则意义不大。

结合绕口令材料进行发声训练，不仅要注意每个单独的声母、韵母、声调的准确发音，更要注意声、韵、调的综合练习。事实上，发声训练，是一个不断寻求自我感觉的渐进过程，要注意以自身条件为基础，不要一味模仿他人的音色、音高、音量，那样，弄不好会影响自己原有的条件。

　　本书初次编写时,参考和采用了一些著作上的有关材料,17年后在修订过程中,为使该书的内容更加完善,又参考和采用了一些新的材料,在此,一并表示谢意。

　　这次修订,要感谢中国传媒大学出版社编辑阳金洲,是在她不厌其烦的鼓励和催促下才完成的,其中还提了许多很好的建议。同时还要感谢老朋友王鹏,他对本次修订也给予了很大的帮助。另外,也对为本书的修订做出贡献的责任编辑、排版、印制、校对的诸位同志道声谢谢!

　　由于编著者水平和掌握的资料有限,难免有遗珠和不妥之处,敬希读者指正。

编者<br>2018.8.1

图书在版编目(CIP)数据

播音员主持人训练手册·绕口令/王克瑞,杜丽华编著. --2版. --北京:中国传媒大学出版社,2019.3(2022.6重印)
ISBN 978-7-5657-2464-0

Ⅰ.①播… Ⅱ.①王… ②杜… Ⅲ.①播音员—发声法—手册 Ⅳ.①G222.2-62

中国版本图书馆 CIP 数据核字(2019)第 036019 号

### 播音员主持人训练手册·绕口令(第2版)
BOYINYUAN ZHUCHIREN XUNLIAN SHOUCE · RAOKOULING (DI-ER BAN)

| 编　　著 | 王克瑞　杜丽华 |
|---|---|
| 策划编辑 | 阳金洲 |
| 责任编辑 | 黄松毅 |
| 责任印制 | 阳金洲 |
| 封面设计 | 泰博瑞国际文化传媒 |
| 出版发行 | 中国传媒大学出版社 |
| 社　　址 | 北京市朝阳区定福庄东街1号　邮　编　100024 |
| 电　　话 | 86-10-65450528　65450532　传　真　65779405 |
| 网　　址 | http://cucp.cuc.edu.cn |
| 经　　销 | 全国新华书店 |
| 印　　刷 | 三河市东方印刷有限公司 |
| 开　　本 | 850mm×1168mm　1/32 |
| 印　　张 | 9.5 |
| 字　　数 | 161千字 |
| 版　　次 | 2019年3月第2版 |
| 印　　次 | 2022年6月第3次印刷 |
| 书　　号 | ISBN 978-7-5657-2464-0/G·2464 |
| 定　　价 | 28.00元 |

版权所有　　翻印必究　　印装错误　　负责调换